»Dans l'attente de vous lire...«

Einführung in Wortschatz und Grammatik der französischen Handelskorrespondenz

Lehrbuch/Arbeitsheft 1

6. Auflage

Verfasser
Frank Bosenick
Hartmut Stein

FELDHAUS

Das Gesamtwerk »**Dans l'attente de vous lire ...**« besteht aus folgenden Teilen:
Lehrbuch/Arbeitsheft 1 (Bosenick/Stein)
Arbeitsheft 2 (Wolf/Deschamps)
Lösungsheft 1+2

Die Deutsche Bibliothek – CIP-Einheitsaufnahme

"**Dans l'attente de vous lire ...**" : Einführung in Wortschatz und Grammatik der französischen Handelskorrespondenz. – Hamburg : Feldhaus

Lehrbuch/Arbeitsh. 1. / Verf.: Frank Bosenick ; Hartmut Stein. – 6. Aufl.. – 2002
ISBN 3-88264-324-2

ISBN 3 88264 **324** 2

Satz und Gestaltung: FELDHAUS VERLAG, Hamburg
Umschlaggestaltung: Gerhart Kotrade
Druck und Verarbeitung: WERTDRUCK, Hamburg
Gedruckt auf chlorfrei gebleichtem Papier

Vorwort

»Dans l'attente de vous lire...« ist ein Arbeitsbuch, das den Grundwortschatz und die wesentlichen grammatischen Strukturen der französischen Handelskorrespondenz vermittelt. Es soll nicht die bekannten und bewährten »Handelskorrespondenzen« ersetzen, die gefestigte Kenntnisse der französischen Sprache voraussetzen.

»Dans l'attente de vous lire...« wendet sich vor allem an Lernende, die nur über geringe, lückenhafte oder insgesamt ungesicherte Kenntnisse der französischen Grammatik verfügen – Verhältnisse, wie sie in berufsvorbereitenden Schulen heute oft anzutreffen sind. Systematische Beschränkung auf die wesentlichen Strukturen und auf das Grundvokabular der französischen Geschäftssprache ermöglichen es, in relativ kurzer Zeit auch Anfängern die sprachlichen Voraussetzungen der französischen Handelskorrespondenz zu vermitteln.

Dem Fortgeschrittenen bietet das Buch die Möglichkeit, systematisch oder auch nur punktuell die französische Grammatik auf der Grundlage des elementaren Wortschatzes der Handelskorrespondenz zu wiederholen.

»Dans l'attente de vous lire...« umfasst drei Teile. Teil 1 enthält die Darstellung der Grammatik, Vokabellisten, Einsetz- und Übersetzungsübungen. Teil 2 bietet tabellarische Übersichten zur Konjugation der unregelmäßigen Verben, zum Verb und seiner Ergänzung sowie zu den gebräuchlichsten Präpositionen und Adverbien und andere praktische Übersichten. Teil 3 besteht aus einem deutsch-französischen Wörterverzeichnis.

Wir erhoffen uns von der Form des Arbeitsbuches vor allem lerntechnische Vorteile. Alle Übungen und Aufgaben sollen direkt in das Buch eingetragen und dort auch korrigiert werden. Der Lehrstoff sowie Aufgaben, Lösungen und Korrekturen bleiben beisammen, so dass der Lernprozess zur Wiederholung, zur Prüfungsvorbereitung und auch bei späterer Praxisanwendung immer wieder leicht nachvollzogen werden kann.

Diese sechste Auflage wurde gründlich durchgearbeitet, die bewährte Konzeption blieb dabei unverändert.

Hamburg, im Frühjahr 2002 — Die Verfasser

Abkürzungen (Handelskorrespondenz)

B.P.	Boîte Postale (Postfach)
C.C.	Chambre de Commerce (Handelskammer)
C.C.P.	compte chèque postal (Postscheckkonto)
c & f	coût et fret
caf	coût, assurance, fret
Cie	compagnie
cif	cost, insurance, freight
cpt	comptant (bar)
ct	courant (d. Monat)
€	Euro
fab	franco à bord
fob	free on board
M.	Monsieur
MM.	Messieurs
Mme (Mme)	Madame
Mlle (Mlle)	Mademoiselle
N^{o}, n^{o}	numéro
n/o.	notre ordre
N./Réf.	notre référence (Unser Zeichen)
P.J.	pièce(s) jointe(s) (Anlage/n)
p.o.	par ordre (im Auftrag)
p.p., p. pon.	par procuration (per Prokura)
R.C.	Registre du Commerce (Handelsregister)
S.A.	Société Anonyme (Aktiengesellschaft)
T.V.A.	Taxe sur la valeur ajoutée (Mehrwertsteuer)
v/o.	votre ordre
V./Réf.	votre référence (Ihr Zeichen)

Abkürzungen (Grammatik)

Adj	Adjektiv
Adv	Adverb
etw	etwas
f	feminin
Inf	Infinitiv
jdm	jemandem
jdn	jemanden
Konj.	Konjunktiv
m	maskulin
Pl.	Plural
Präs.	Präsens
qch	quelque chose (etwas)
qn	quelqu'un (jemand)
s.	siehe, sich
Sg.	Singular
Subst	Substantiv

Inhaltsverzeichnis

1 Der bestimmte und der unbestimmte Artikel

Der bestimmte Artikel

	maskulin (männlich)	feminin (weiblich)
Singular (Einzahl)	**le** (der)	**la** (die)
Plural (Mehrzahl)	**les** (die)	**les** (die)

Der unbestimmte Artikel

	maskulin (männlich)	feminin (weiblich)
Singular (Einzahl)	**un** (ein)	**une** (eine)
Plural (Mehrzahl)	**des** (–)	**des** (–)

Das Französische kennt nur zwei Geschlechter der Substantive.
Im Gegensatz zum Deutschen gibt es im Französischen eine **Pluralform des unbestimmten Artikels**.

Beispiele: **Maskuline Substantive:**
le catalogue (der Katalog) — les catalogue**s** (die Kataloge)
un catalogue (ein Katalog) — des catalogue**s** (Kataloge)

Achtung: Das »e« von »le« wird elidiert (weggelassen), wenn das folgende Substantiv mit einem Vokal (Selbstlaut) beginnt. Beispiel: l'acheteur (der Käufer).

Alle Substantive, die auf »...ment« enden, sind maskulin.

Feminine Substantive:
la banque (die Bank) – les banque**s** (die Banken)
une banque (eine Bank) – des banque**s** (Banken)

Achtung: Das »a« von »la« wird elidiert, wenn das folgende Substantiv mit einem Vokal beginnt. Beispiel: l'adresse (die Adresse).

Alle Substantive, die auf »...té« und auf »...tion« enden, sind feminin.

Die **Substantive**, die im Singular auf »...s« oder auf »...x« enden, erhalten im Plural kein zusätzliches Plural-s.

Beispiele: le rabais (der Rabatt) — les rabais (die Rabatte)
le prix (der Preis) — les prix (die Preise)
l'avis d'expédition (die Versandanzeige) — les avis d'expédition (die Versandanzeigen)

Zusammengesetzte Substantive werden oft nach folgendem Muster gebildet:

die Liefer – bedingung

la condition de livraison

Der Plural bei den zusammengesetzten Substantiven dieser Form lautet:

les conditions de livraison

Elidierung von »a« und »e« des bestimmten Artikels vor »h« siehe Anmerkung 1.

Vokabeln

Maskuline Substantive:

Fabrikant	**le fabricant**
Katalog	**le catalogue**
Konnossement	**le connaissement**
Kunde	**le client**
Kredit	**le crédit**
Lager	**le magasin**
Lieferant	**le fournisseur**
Preis	**le prix**
Preisliste(n)	**le prix-courant/les prix-courants**
Rabatt	**le rabais**
Verkäufer	**le vendeur**
Vertreter	**le représentant**
Zahlung (Bezahlung)	**le paiement**
Artikel	**l'article**
Auftrag	**l'ordre**
Exporteur	**l'exportateur**
Importeur	**l'importateur**
Käufer	**l'acheteur**
Muster	**l'échantillon**
Sendung	**l'envoi**
Skonto	**l'escompte**

Feminine Substantive:

Anfrage	**la demande**
Auftrag	**la commande**
Bank	**la banque**
Bedingung	**la condition**
Beschwerde	**la réclamation**
Brief	**la lettre**
Firma	**la maison**
Konkurrenz	**la concurrence**
Lieferung	**la livraison**
Menge	**la quantité**
Qualität	**la qualité**
Rechnung	**la facture**
Ware	**la marchandise**
Adresse	**l'adresse**
Angebot	**l'offre**
Anweisung	**l'instruction**
Anzeige	**l'annonce**
Export	**l'exportation**
Geschäft, Angelegenheit	**l'affaire**
Import	**l'importation**
Internetadresse	**l'adresse sur le net** **l'adresse Internet**
Versand	**l'expédition**
Versandanweisung	**l'instruction d'expédition**

Zusammengesetzte Substantive:

Versandanzeige	**l'avis d'expédition**
Mengenrabatt	**le rabais de quantité**

Übungen

Ersetzen Sie den bestimmten Artikel durch den unbestimmten Artikel:

1. l'exportateur ______________________
2. la maison ______________________
3. le prix ______________________
4. l'envoi ______________________
5. l'offre ______________________
6. le client ______________________
7. l'adresse ______________________
8. la facture ______________________
9. l'article ______________________
10. l'annonce ______________________

Bilden Sie die Pluralform:

1. un vendeur ______________________
2. un fabricant ______________________
3. la réclamation ______________________
4. une livraison ______________________
5. la marchandise ______________________
6. un acheteur ______________________
7. l'échantillon ______________________
8. le prix ______________________
9. un rabais ______________________
10. le catalogue ______________________

2 Das Präsens der Verben »être« und »avoir«

Die Verben (Zeitwörter) **être** (sein) und **avoir** (haben) werden im **Präsens** (Gegenwart) wie folgt konjugiert (gebeugt):

	être		avoir		
ich bin	je	**suis**	j'	**ai**	ich habe
du bist	tu	**es**	tu	**as**	du hast
er ist	il	**est**	il	**a**	er hat
sie ist	elle	**est**	elle	**a**	sie hat
wir sind	nous	**sommes**	nous	**avons**	wir haben
ihr seid/Sie sind*)	vous	**êtes**	vous	**avez**	ihr habt/Sie haben*)
sie sind (mask.)	ils	**sont**	ils	**ont**	sie haben (mask.)
sie sind (fem.)	elles	**sont**	elles	**ont**	sie haben (fem.)

*) = Anredeform

Achtung: Das »e« des Personalpronomens (persönliches Fürwort) »je« wird elidiert, wenn das Verb mit einem Vokal beginnt.

Vokabeln

Herr Dupont	**Monsieur Dupont (M. Dupont)**
in Frankreich	**en France**
in Paris	**à Paris**

Übungen

Bilden Sie die entsprechenden Pluralformen:

Le client a un échantillon. – **Les** client**s** **ont des** échantillon**s.**

1. J'ai un prix-courant. ______
2. Il a un avis d'expédition. ______
3. Le fabricant a un catalogue. ______
4. J'ai une offre. ______
5. Le vendeur a un client à Paris. ______
6. L'acheteur a un magasin. ______
7. Le fabricant a un ordre. ______
8. J'ai une réclamation. ______
9. L'exportateur a un article. ______
10. J'ai une lettre. ______

Setzen Sie die entsprechenden Verbformen ein:

1. Nous ______________________ le catalogue.
(avoir)

2. J' ______________________ la facture.
(avoir)

3. Je ______________________ le représentant.
(être)

4. Nous ______________________ l'adresse.
(avoir)

5. M. Dupont ______________________ l'exportateur.
(être)

6. Nous ______________________ des clients.
(être)

7. Les marchandises ______________________ à Paris.
(être)

8. M. Dupont ______________________ un magasin.
(avoir)

9. Vous ______________________ la facture.
(avoir)

10. M. Denis ______________________ le fabricant.
(être)

11. Les clients ______________________ des réclamations.
(avoir)

12. Le vendeur ______________________ une offre.
(avoir)

Übersetzen Sie:

1. Wir sind die Firma Dupont.

____

2. Er ist ein Kunde.

____

3. Wir haben die Konnossemente.

____

4. Er hat die Waren.

____

5. Die Adresse ist.

____

6. Sie (2. Plural) haben die Rechnung.

____

7. Die Waren sind in Paris.

____

8. Die Preise sind...

____

9. Ich bin der Vertreter.

____

10. Sie haben eine Rechnung.

____

11. Die Rabatte sind...

____

12. Wir haben ein Lager.

____

13. Wir haben Aufträge.

____

14. Ich habe die Muster.

____

15. Der Kunde hat die Preisliste.

____

16. Der Exporteur hat Kunden in Frankreich.

____

17. Die Bedingungen sind...

18. Der Verkäufer hat die Versandanzeige.

19. Sie sind in Frankreich.

20. Ich habe die Konnossemente.

3 Das Präsens der Verben auf »...er«

Alle Verben bestehen im **Infinitiv** (Grundform) aus einem Infinitiv**stamm** und einer Infinitiv**endung**. Im Französischen gibt es **vier** Infinitiv**endungen**.

Infinitiv**stamm**		Infinitiv**endung**	
donn	+	er	= donner (geben)
chois	+	ir	= choisir (wählen)
vend	+	re	= vendre (verkaufen)
recev	+	oir	= recevoir (erhalten)

Die **Präsensform** der Verben auf **»...er«:**

		Infinitiv-**stamm**	Präsens-**endung**		Infinitiv-**stamm**	Präsens-**endung**	
donner	je	donn	**e**	nous	donn	**ons**	
	tu	donn	**es**	vous	donn	**ez**	
	il	donn	**e**	ils	donn	**ent**	
	elle	donn	**e**	elles	donn	**ent**	
payer	je	pai	**e**	nous	pay	**ons**	»y« wird zu »i«
	tu	pai	**es**	vous	pay	**ez**	bei Formen
	il	pai	**e**	ils	pai	**ent**	mit unbetonter
	elle	pai	**e**	elles	pai	**ent**	Endung!
acheter	j'	achèt	**e**	nous	achet	**ons**	»e« wird zu »è«
	tu	achèt	**es**	vous	achet	**ez**	bei Formen
	il	achèt	**e**	ils	achèt	**ent**	mit unbetonter
	elle	achèt	**e**	elles	achèt	**ent**	Endung!

Achtung: Das »e« von »je« wird elidiert, wenn das Verb mit einem Vokal beginnt.

Ausnahme: Die Verben **offrir** (anbieten), **ouvrir** (öffnen), **couvrir** (decken) werden wie die Verben auf »...er« konjugiert.

Konjugation der übrigen Verben auf »...ir« und der Verben auf »...oir« siehe Anmerkung 2.

Vokabeln

abschicken; absenden	**expédier**
Akkreditiv	**l'accréditif (m)**
akzeptieren	**accepter**
anbieten	**offrir**
annehmen	**accepter**
ausführen (Auftrag)	**exécuter**
beachten	**observer**
Bedarf	**le besoin**
bestätigen (Erhalt)	**accuser (réception de)**
bezahlen	**payer**
decken	**couvrir**
ermäßigen	**baisser**
erteilen (Auftrag)	**passer**
exportieren	**exporter**
geben	**donner**
gewähren	**accorder**
hier	**ici**
importieren	**importer**
kaufen	**acheter**
prüfen	**examiner**
öffnen (er-)	**ouvrir**
Rechnungsbetrag	**le montant de la facture**
schicken (senden)	**envoyer**
überweisen	**virer**
Versicherung	**l'assurance (f)**
vornehmen (Lieferung, Zahlung)	**effectuer**

Übungen

Setzen Sie die entsprechende Verbform ein:

1. Le client ______________________ la facture.
(payer)
2. J' ______________________ un crédit.
(accorder)
3. Vous ______________________ le montant de la facture.
(virer)
4. Les clients ______________________ le paiement.
(effectuer)
5. Nous ______________________ la facture.
(payer)
6. Le fabricant ______________________ les prix.
(baisser)
7. Vous ______________________ l'accréditif.
(ouvrir)
8. Nous ______________________ la marchandise.
(offrir)
9. Les vendeurs ______________________ la marchandise.
(envoyer)
10. J' ______________________ les conditions.
(accepter)
11. La banque ______________________ le crédit.
(accorder)
12. Les clients ______________________ les conditions.
(accepter)
13. Nous ______________________ réception de...
(accuser)
14. Je ______________________ l'ordre.
(passer)
15. Vous ______________________ la livraison.
(effectuer)
16. Nous ______________________ l'ordre.
(passer)
17. Vous ______________________ les prix.
(accepter)
18. Les clients ______________________ l'offre.
(examiner)
19. J' ______________________ l'article.
(importer)
20. Le fournisseur ______________________ des échantillons.
(envoyer)

Übersetzen Sie (Wortstellung wie im Deutschen):

1. Wir erteilen den Auftrag.

____

2. Die Exporteure exportieren die Ware.

____

3. Der Kunde schickt den Brief.

____

4. Der Fabrikant bietet die Ware an.

____

5. Wir schicken die Preisliste.

____

6. Wir gewähren einen Kredit.

____

7. Ich sende die Ware ab.

____

8. Wir bestätigen den Erhalt...

____

9. Ich akzeptiere die Bedingungen.

____

10. Die Kunden bezahlen die Rechnungen.

____

11. Wir bezahlen die Rechnung.

____

12. Die Verkäufer schicken die Ware ab.

13. Die Kunden kaufen Waren.

14. Wir eröffnen das Akkreditiv.

15. Er erteilt Aufträge.

16. Wir nehmen die Lieferung vor.

17. Die Bank gewährt den Kredit.

18. Wir kaufen den Artikel.

19. Der Kunde überweist den Rechnungsbetrag.

20. Sie (2. Pl.) nehmen die Zahlung vor.

21. Ich führe den Auftrag aus.

22. Die Kunden prüfen die Angebote.

23. Wir beachten die Versandanweisung.

24. Wir senden die Waren ab.

25. Sie (2. Pl.) bezahlen die Rechnungen.

26. Wir prüfen die Angebote.

27. Der Kunde deckt die Versicherung in Paris.

28. Ich biete die Ware an.

29. Die Banken gewähren Kredite.

30. Wir decken die Versicherung hier in Hamburg.

31. Der Kunde schickt den Brief.

32. Ich exportiere Waren.

33. Wir prüfen das Angebot.

34. Die Kunden akzeptieren die Bedingungen.

35. Der Fabrikant schickt Muster.

4 Die Verneinung – Präsens der Verben auf »...re«

Die wichtigsten Verneinungsadverbien (Adverb = Umstandswort) sind:

ne ... pas	(nicht)
ne ... plus	(nicht mehr)
ne ... pas encore	(noch nicht)

Das Verneinungsadverb umschließt das konjugierte Verb, d. h.: das »ne« steht immer **vor** dem konjugierten Verb, und der zweite Teil des Verneinungsadverbs steht immer **nach** dem konjugierten Verb.

Achtung: Das »e« von »ne« wird elidiert, wenn das Verb mit einem Vokal beginnt.

Beispiele: Nous **n'**avons **pas** la marchandise.
Nous **n'**avons **plus** la marchandise.
Nous **n'**avons **pas encore** la marchandise.

Verneinter Infinitiv siehe Anmerkung 3.

* * *

Das Präsens der Verben auf »**...re**« lautet:

vendre	je vend**s**	nous vend**ons**
	tu vend**s**	vous vend**ez**
	il vend	ils vend**ent**
	elle vend	elles vend**ent**

Vokabeln

Antwort	**la réponse**	herstellen	**fabriquer**
antworten (auf)	**répondre (à)**	verkaufen	**vendre**
erwarten	**attendre**		

Übungen

Formen Sie die Sätze nach dem Beispiel um:

Nous avons l'adresse. — Nous **n'**avons **pas** l'adresse.

1. J'ai la marchandise.

2. Nous baissons les prix.

3. Vous exécutez l'ordre.

4. Les exportateurs expédient la marchandise.

5. La banque accorde le crédit.

6. Nous passons l'ordre.

7. Ils acceptent les conditions.

8. Il effectue la livraison.

9. Nous vendons la marchandise.

10. J'accepte les prix.

11. Les fournisseurs offrent la marchandise.

12. Je paie la facture.

13. M. Dupont est le représentant.

14. Nous avons l'envoi.

15. Ils ont la facture.

Übersetzen Sie:

1. Die Kunden akzeptieren die Bedingungen nicht.

2. Wir haben die Versandanzeige noch nicht.

3. Wir exportieren den Artikel nicht mehr.

4. Wir erwarten eine Antwort.

5. Die Bank gewährt den Kredit nicht.

6. Wir kaufen den Artikel nicht.

7. Wir überweisen den Rechnungsbetrag noch nicht.

8. Der Kunde nimmt die Bedingungen nicht an.

9. Sie ist nicht mehr in Hamburg.

10. Ich erwarte Aufträge.

11. Wir haben die Sendung noch nicht.

12. Der Kunde antwortet nicht.

13. Ich führe den Auftrag nicht aus.

14. Die Kunden kaufen den Artikel nicht mehr.

15. Die Firma bezahlt die Rechnung nicht.

5 Das Adjektiv

Die Formen des Adjektivs (Eigenschaftswort) lauten:

	maskulin	feminin
Singular	**grand**	**grande**
Plural	**grands**	**grandes**
Singular	**avantageux**	**avantageuse**
Plural	**avantageux**	**avantageuses**
Singular	**compétitif**	**compétitive**
Plural	**compétitifs**	**compétitives**
Singular	**dernier**	**dernière**
Plural	**derniers**	**dernières**
Singular	**favorable**	**favorable**
Plural	**favorables**	**favorables**
Singular	**bon**	**bonne**
Plural	**bons**	**bonnes**
Singular	**exceptionnel**	**exceptionnelle**
Plural	**exceptionnels**	**exceptionnelles**
Singular	**spécial**	**spéciale**
Plural	**spéciaux**	**spéciales**
Singular	**nouveau, nouvel**	**nouvelle**
Plural	**nouveaux**	**nouvelles**

Achtung: Die Form »nouvel« wird nur verwendet, wenn das nachfolgende maskuline Substantiv mit einem Vokal beginnt (le nouvel ordre).

Veränderlichkeit: Das Adjektiv richtet sich in Geschlecht und Zahl nach dem Substantiv oder Pronomen, auf das es sich bezieht, gleichgültig, ob es attributiv (beifügend) oder prädikativ (Teil des Hilfsverbs »être«) gebraucht wird.

Beispiel: une offre avantageuse (attributiv)
l'offre est avantageuse (prädikativ)

Stellung des Adjektivs: Das attributive Adjektiv steht in der Regel nach dem Substantiv. Vorangestellt werden die **Adjektive:** grand, petit, bon, mauvais, nouveau, premier, nombreux

Achtung: **dernier** hat die Bedeutung »letzter, neuester«, wenn es vorangestellt wird, und die Bedeutung »vorig«, wenn es nachgestellt wird.
Beispiel:
Le dernier catalogue (der neueste Katalog) - Le mois dernier (der vorige Monat)

Vokabeln

ausgezeichnet	**excellent, e**
außergewöhnlich	**exceptionnel, le**
bedeutend	**important, e**
das ist, das sind	**c'est, ce sont**
Erstauftrag	**le premier ordre**
erster	**premier, ière**
groß	**grand, e**
ein größerer Auftrag	**un ordre important**
günstig	**avantageux, se; favorable**
gut	**bon, bonne**
hervorragend	**excellent, e**
hoch (Preis)	**élevé, e**
interessant	**intéressant, e**
klein	**petit, e**
konkurrenzfähig	**compétitif, ve**
letzte, r (neueste, r)	**dernier, ière**
neu	**nouveau, nouvel, nouvelle**
neueste, r	**dernier, ière**
niedrig	**bas, basse**
schlecht	**mauvais, e**
sehr	**très (vor Adjektiv)**
Sonder-	**spécial, e**
stark	**fort, e**
unangenehm	**désagréable**
vorige(r)	**dernier, ière**
vorteilhaft	**avantageux, se**
zahlreich	**nombreux, se**
wichtig	**important, e**
zu (Adv.)	**trop**
zufrieden mit	**content, e de**

Übungen

Bilden Sie Sätze nach dem Muster:

prix ... avantageux – C'est un prix avantageux.

Beachten Sie die Veränderlichkeit und die Stellung des Adjektivs!

1. offre ... favorable

2. ordre ... important

3. catalogue ... intéressant

4. qualité ... bon

5. condition ... avantageux

6. ordre ... premier

7. qualité ... excellent

8. prix ... élevé

9. catalogue ... spécial

10. offre ... compétitif

11. annonce ... intéressant

12. magasin ... grand

13. qualité ... mauvais

14. ordre ... nouveau

15. concurrence ... fort

Bilden Sie Sätze nach dem Muster:

prix ... avantageux — Ce sont des prix avantageux.

1. catalogue ... intéressant

2. rabais ... spécial

3. lettre ... important

4. prix ... bas

5. offre ... avantageux

6. ordre ... important

7. réclamation ... désagréable

8. client ... important

9. condition ... spécial

10. offre ... favorable

Übersetzen Sie:

1. Die Preise sind günstig.

2. Die Bedingungen sind nicht konkurrenzfähig.

3. Die Konkurrenz ist sehr stark.

4. Die Qualität ist nicht gut.

5. Die Angebote sind günstig.

6. Wir erteilen einen Erstauftrag.

7. Wir schicken die neuen Kataloge.

8. Er erteilt größere Aufträge.

9. Wir haben ein großes Lager.

10. Die Beschwerde ist sehr unangenehm.

11. Die Preise sind zu hoch.

12. Das ist ein sehr günstiger Preis.

13. Wir sind mit der Qualität zufrieden.

14. Ich erteile einen neuen Auftrag.

15. Wir gewähren Sonderrabatte.

16. Die Preise sind sehr niedrig.

17. Der Kunde ist mit der Qualität zufrieden.

18. Wir haben einen neuen Auftrag.

19. Das Angebot ist interessant.

20. Die Preise sind nicht konkurrenzfähig.

21. Wir schicken den neuesten Katalog.

22. Die Qualität ist schlecht.

23. Die Bedingungen sind sehr gut.

24. Wir prüfen die neuen Angebote.

25. Er bezahlt die letzte Rechnung nicht.

26. Wir nehmen die neue Lieferung vor.

27. Das Lager in Paris ist klein.

28. Die Annonce ist interessant.

29. Das ist ein guter Kunde.

30. Wir akzeptieren die Sonderbedingungen.

31. Ich bin mit der Qualität nicht zufrieden.

32. Der letzte Katalog ist sehr interessant.

33. Wir sind mit der letzten Lieferung zufrieden.

34. Ich schicke ein sehr günstiges Angebot.

35. Die Bank gewährt einen bedeutenden Kredit.

6 Die Deklination des Substantivs

Die **vier** Fälle der **Deklination** (Beugung) heißen:
1. Fall: **Nominativ** (Nom.) 2. Fall: **Genitiv** (Gen.) 3. Fall: **Dativ** (Dat.) 4. Fall: **Akkusativ** (Akk.)

Maskuline Substantive

	Singular		Plural	
Nom.	**le client**	(der Kunde)	**les clients**	(die Kunden)
Gen.	**du client**	(des Kunden)	**des clients**	(der Kunden)
Dat.	**au client**	(dem Kunden)	**aux clients**	(den Kunden)
Akk.	**le client**	(den Kunden)	**les clients**	(die Kunden

Achtung: »du« entstand aus de + le, »des« entstand aus de + les
»au« entstand aus à + le, »aux« entstand aus à + les

de + le und à + le bleiben erhalten, wenn das folgende Substantiv mit einem Vokal beginnt, das »e« von »le« wird elidiert.

l'acheteur	les acheteurs
de l'acheteur	des acheteurs
à l'acheteur	aux acheteurs
l'acheteur	les acheteurs

Feminine Substantive

	Singular		Plural	
Nom.	**la banque**	(die Bank)	**les banques**	(die Banken)
Gen.	**de la banque**	(der Bank)	**des banques**	(der Banken)
Dat.	**à la banque**	(der Bank)	**aux banques**	(den Banken)
Akk.	**la banque**	(die Bank)	**les banques**	(die Banken)

Achtung: Das »a« von »la« wird elidiert, wenn das folgende Substantiv mit einem Vokal beginnt.

l'offre	les offres
de l'offre	des offres
à l'offre	aux offres
l'offre	les offres

Die Wortstellung im Aussagesatz

Das Subjekt (Satzgegenstand) steht vor dem Prädikat (konjugiertes Verb).
Das Objekt (Satzergänzung) steht nach dem Prädikat.

Bei zwei Objekten ist folgende Wortfolge zu beachten:

Subjekt — Prädikat — direktes Objekt (Akk.) **— indirektes Objekt** (Dat.)

Lassen Sie sich von der Struktur des deutschen Satzes nicht verwirren. Sie müssen bei der Übersetzung zu der dargestellten Struktur kommen!

Vokabeln

annehmbar	**acceptable**
benötigen	**avoir besoin de**
besser	**meilleur, e**
brauchen	**avoir besoin de**
Wir brauchen Kataloge.	**Nous avons besoin *de catalogues.***
Wir brauchen *die* Kataloge des Fabrikanten.	**Nous avons besoin *des* catalogues du fabricant.**
entsprechen (einer Sache)	**correspondre à qch**
einige	**quelques**
E-Mail (techn.)	**le courrier électronique**
E-Mail (Nachricht)	**le message électronique**
mehrere	**plusieurs**
Prozent (%)	**pour cent (%)**
Scheck	**le chèque**
so schnell wie möglich	**aussi vite que possible; le plus vite possible; dès que possible**
unannehmbar	**inacceptable**
von ... %	**de ... %**

Übungen

Bilden Sie Sätze mit einem Genitivattribut nach folgendem Muster:

Les conditions sont favorables. (concurrence) — Les conditions **de la** concurrence sont favorables.

1. L'adresse est... (maison)
2. Les prix sont élevés. (concurrence)
3. J'effectue le paiement. (facture)
4. La qualité est bonne. (marchandises)
5. Les conditions sont acceptables. (clients)
6. Nous acceptons les prix. (fabricant)
7. Nous accusons réception. (lettre)
8. L'exportateur effectue la livraison. (marchandises)
9. Le prix est trop élevé. (article)
10. Les conditions sont inacceptables. (vendeur)
11. La qualité est bonne. (articles)
12. Les conditions sont avantageuses. (exportateur)
13. L'offre est intéressante. (vendeur)
14. La qualité est bonne. (échantillon)
15. Nous exécutons l'ordre. (client)

Bilden Sie Sätze mit einem Dativobjekt nach folgendem Muster:

Nous envoyons la lettre. (client) — Nous envoyons la lettre **au** client.

1. Nous envoyons les échantillons. (client)

2. L'acheteur envoie le chèque. (vendeur)

3. Nous accordons un crédit. (M. Paul)

4. Le client envoie des lettres. (fabricants)

5. Je passe un ordre. (maison Dupont)

6. Nous envoyons des catalogues. (clients)

7. Le fournisseur offre l'article. (acheteur)

8. Le client envoie une demande. (exportateur)

9. Le fabricant accorde un escompte. (acheteurs)

10. Nous envoyons une offre. (client)

11. Le client donne des instructions. (exportateur)

12. Nous envoyons le message électronique. (importateur)

13. Nous offrons les marchandises. (acheteurs)

Übersetzen Sie:

1. Wir schicken dem Kunden einige Muster.

2. Die Bedingungen der Konkurrenz sind besser.

3. Die Qualität der Ware ist sehr gut.

4. Der Kunde überweist den Rechnungsbetrag der Bank des Verkäufers.

5. Die Beschwerden der Kunden sind unangenehm.

6. Ich nehme die Bedingungen des Angebotes an.

7. Die Internetadresse der Firma ist...

8. Wir gewähren dem Kunden einen Rabatt von 5 %.

9. Die Preise der Konkurrenz sind sehr günstig.

10. Wir schicken dem Kunden die Ware.

11. Die Kunden erteilen der Firma bedeutende Aufträge.

12. Wir bestätigen den Erhalt des Briefes.

13. Ich nehme die Bezahlung der Rechnung vor.

14. Wir nehmen die Lieferung der Waren vor.

15. Der Fabrikant schickt dem Kunden die letzten Preislisten.

16. Wir benötigen die Ware so schnell wie möglich.

17. Die Preise der Artikel sind zu hoch.

18. Wir schicken dem Kunden mehrere Kataloge.

19. Die Adresse der Bank ist...

20. Die Lieferanten schicken die Waren an die Adressen der Kunden.

21. Die Fabrikanten bieten den Kunden die Waren an.

22. Wir bieten dem Kunden die Artikel an.

23. Ich schicke der Bank den Scheck.

24. Der Käufer gibt dem Hersteller Anweisungen.

25. Wir schicken dem Kunden die Versandanzeige.

26. Die Bedingungen des Herstellers sind annehmbar.

27. Die Bedingungen der Verkäufer sind unannehmbar.

28. Wir schicken dem Kunden ein sehr günstiges Angebot.

29. Der Importeur erteilt dem Exporteur einen Erstauftrag.

30. Der Käufer akzeptiert die Bedingungen der Bank nicht.

7 Das Demonstrativpronomen

Die Formen des Demonstrativpronomens (hinweisendes Fürwort) lauten:

	Mask.		Fem.	
Singular	**ce, cet**	(dieser)	**cette**	(diese)
Plural	**ces**	(diese)	**ces**	(diese)

Achtung: Beginnt ein mask. Substantiv im Singular mit einem Vokal, so heißt das Demonstrativpronomen »cet«:
Beispiel: **ce** prix aber **cet** ordre

Die Deklination des Demonstrativpronomens entspricht den in Kapitel 6 aufgezeigten Regeln. Also:

	Singular		Plural	
Nom.	**ce client**	(dieser Kunde)	**ces clients**	(diese Kunden)
Gen.	**de ce client**	(dieses Kunden)	**de ces clients**	(dieser Kunden)
Dat.	**à ce client**	(diesem Kunden)	**à ces clients**	(diesen Kunden)
Akk.	**ce client**	(diesen Kunden)	**ces clients**	(diese Kunden)

Konjugation der unregelmäßigen Verben

pouvoir (können)

je	peux	nous	pouvons
tu	peux	vous	pouvez
elle/il	peut	elles/ils	peuvent

vouloir (wollen)

je	veux	nous	voulons
tu	veux	vous	voulez
elle/il	veut	elles/ils	veulent

Vokabeln

arbeiten	**travailler**
Branche	**la branche**
in dieser Branche	**dans cette branche**
Frist	**le délai**
für	**pour**
können	**pouvoir**
Lager, auf L. haben	**avoir en stock**
lang	**long, longue (!)**
Lieferfrist	**le délai de livraison**
liefern	**livrer**
Preis, zu e.P. anbieten	**offrir à un prix**
Ruf	**la réputation**
schon	**déjà**
seit langem	**depuis longtemps**
wollen	**vouloir**
zu diesen Bedingungen	**à ces conditions**

Übungen

Ersetzen Sie den bestimmten Artikel durch das entsprechende Demonstrativpronomen:

Le client est content. — **Ce** client est content.

1. La condition est compétitive.

___

2. Nous ne livrons pas les articles.

___

3. Les prix sont trop élevés.

___

4. Le catalogue est intéressant.

___

5. Nous exécutons l'ordre.

6. La qualité est excellente.

7. Les offres sont avantageuses.

8. Il exporte l'article.

9. Le délai de livraison est trop long.

10. Nous travaillons dans la branche depuis longtemps déjà.

11. Les délais de livraison sont trop longs.

12. Nous offrons l'article.

13. Les ordres sont importants.

14. Nous expédions l'envoi.

15. L'annonce est très intéressante.

Übersetzen Sie:

1. Diese Bedingungen sind konkurrenzfähig.

2. Die Qualität dieser Artikel ist nicht gut.

3. Wir können dieses Angebot nicht annehmen.

4. Der Preis dieser Ware ist zu hoch.

5. Wir sind mit der Qualität dieser Muster zufrieden.

6. Wir brauchen diese Ware so schnell wie möglich.

7. Der Fabrikant kann diesen Artikel nicht mehr liefern.

8. Diese Beanstandung ist sehr unangenehm.

9. Die Kunden wollen diese Artikel nicht kaufen.

10. Wir können diesen Kredit nicht gewähren.

11. Der Lieferant kann diese Bedingungen nicht annehmen.

12. Wir können diesen Artikel nicht verkaufen.

13. Diese Qualität ist hervorragend.

14. Die Rechnung für (de) diese Sendung haben wir noch nicht.

15. Der Lieferant will diese Ware nicht mehr anbieten.

16. Diese Lieferfristen sind zu lang.

17. In dieser Branche arbeiten wir schon seit langem.

18. Wir haben diese Ware nicht mehr auf Lager.

19. Wir können diese Ware zu einem günstigen Preis anbieten.

20. Ich will dieser Firma einen Erstauftrag erteilen.

21. Zu diesen Bedingungen können wir den Auftrag nicht ausführen.

22. Der Ruf dieser Firma ist gut.

23. Wir bestätigen den Empfang dieses Briefes.

24. Diese Anweisungen sind wichtig.

25. Dieses Angebot ist sehr vorteilhaft.

26. Wir exportieren diese Artikel schon seit langem.

27. Diese Kataloge sind sehr interessant.

28. Wir benötigen einige Muster dieser Qualität.

29. Diese Angelegenheit ist sehr unangenehm.

30. Der Kunde will diese Bedingungen nicht annehmen.

8 Das Possessivpronomen

Die Formen des adjektivischen Possessivpronomens (besitzanzeigendes Fürwort) lauten:

Personal-pronomen	Possessivpronomen Sin-gular				Plural	
je	**mon**	(mein)	**ma**	(meine)	**mes**	(meine)
tu	**ton**	(dein)	**ta**	(deine)	**tes**	(deine)
il	**son**	(sein)	**sa**	(seine)	**ses**	(seine)
elle	**son**	(ihr)	**sa**	(ihre)	**ses**	(ihre)
nous	**notre**	(unser)			**nos**	(unsere)
vous	**votre**	(euer, Ihr)			**vos**	(eure, Ihre)
ils, elles	**leur**	(ihr)			**leurs**	(ihre)

Für die Deklination gelten die Regeln nach Kapitel 6.

Achtung: 1. Beginnt ein feminines Substantiv im Singular mit einem Vokal, so müssen Sie die maskuline Form des Possessivpronomens verwenden.

Beispiel: **une** adresse — aber **mon** adresse
une offre — aber **son** offre

2. Der Franzose macht keinen Unterschied zwischen
(Herr Dupont und) **seine** Firma
und — beides heißt: **sa** maison
(Frau Dupont und) **ihre** Firma

3. **leur** und **leurs** werden leicht verwechselt. Hilfe: Es heißt stets leur**s**, wenn das folgende Substantiv im Plural steht.

Konjugation der unregelmäßigen Verben

devoir (müssen; sollen)

je	dois	nous	devons
tu	dois	vous	devez
elle/il	doit	elles/ils	doivent

introduire (einführen)
produire (herstellen)
réduire (ermäßigen)

j'	introduis	nous	introduisons
tu	introduis	vous	introduisez
elle/il	introduit	elles/ils	introduisent

Vokabeln

ändern	**changer**
wir ändern	**nous changeons***
bereit sein, etw. zu tun	**être prêt à faire qch**
bleiben	**rester**
einführen, auf den Markt bringen	**introduire**
erhöhen (um)	**augmenter (de)**
ermäßigen (um)	**réduire (de)**
Erwartung, in E. von	**dans l'attente (f) de**
Geschäftsfreund	**le correspondant**
Gunst	**la faveur**
zu Ihren Gunsten	**en votre faveur**
herabsetzen (Preise)	**réduire; baisser**
herstellen	**produire**
heute Morgen	**ce matin**
hiermit	**par la présente**
Lieferbedingung	**la condition de livraison**
Markt	**le marché**
auf dem Markt	**sur le marché**
Monat	**le mois**
der 3. des Monats	**le 3 courant (Abk. le 3 ct)**
der 3. letzten M.	**le 3 écoulé; le 3 du mois dernier**
müssen	**devoir**
nur	**seulement (i.d.R. nach dem Verb)**
Sorgfalt	**le soin**
mit größter Sorgfalt	**avec le plus grand soin**
Verkaufsbedingung	**la condition de vente**
Vorrat	**le stock**
wenn	**si (s'il, si elle)**
Zahlungsbedingung	**la condition de paiement**

* gilt für alle Verben auf »...ger«

Übungen

Ersetzen Sie den Artikel durch das entsprechende Possessivpronomen:

Nous devons augmenter le prix. — Nous devons augmenter notre prix.

1. Je dois augmenter les prix.

2. Vous devez réduire le prix.

3. Je passe la commande.

4. Les clients passent les commandes.

5. Le fabricant doit réduire le prix.

6. Vous devez changer la condition de vente.

7. Le fournisseur doit augmenter les prix.

8. L'exportateur envoie l'offre.

9. Le client passe les ordres.

10. Nous ne pouvons pas baisser le prix.

11. Le fabricant envoie le catalogue.

12. Les clients passent les ordres.

13. Nous ne pouvons pas passer la commande.

14. J'envoie la demande.

15. Ils paient la facture.

Übersetzen Sie:

1. Ihr Angebot ist sehr interessant.

2. Unsere Kunden kaufen nur eine Ware erster Qualität.

3. Wir schicken unserem Kunden Muster.

4. Wir bestätigen den Erhalt Ihres Briefes vom 4. d. M.

5. Wir führen Ihren Auftrag mit größter Sorgfalt aus.

6. Unsere Kunden sind mit der Qualität dieser Ware nicht sehr zufrieden.

7. Hiermit bestätigen wir den Erhalt Ihres Auftrages vom 25. letzten Monats.

8. Unsere Zahlungsbedingungen sind sehr günstig.

9. Wir eröffnen das Akkreditiv zu Ihren Gunsten.

10. Wir können Ihr Angebot nur annehmen, wenn Ihre Preise günstig sind.

11. Die Konkurrenz ist auf unserem Markt sehr stark.

12. Wir haben die Waren. Wir sind mit ihrer Qualität zufrieden.

13. Unsere Firma arbeitet schon seit langem in dieser Branche.

14. Ihr Angebot muss sehr günstig sein.

15. Sie müssen unsere Anweisungen beachten.

16. Wir sind bereit, Ihren Auftrag zu diesen Bedingungen auszuführen.

17. Unser Kunde ist nicht bereit, Ihre Bedingungen anzunehmen.

18. Wir können unsere Zahlungsbedingungen nicht ändern.

19. Der Fabrikant kann seine Preise nicht herabsetzen.

20. Die Lieferanten wollen ihre Preise um 3% ermäßigen.

21. Die Konkurrenz ist bereit, ihre Lieferbedingungen zu ändern.

22. Die Fabrikanten schicken ihren Kunden einige Muster.

23. Der Verkäufer muss seine Preise ermäßigen, wenn er konkurrenzfähig bleiben will.

24. Unsere Lieferanten wollen ihre Artikel auf Ihrem Markt einführen.

25. Hiermit bestätigen wir den Erhalt Ihrer E-Mail von heute Morgen.

26. In Erwartung Ihres Briefes...

9 Das Personalpronomen (Akkusativ)

Die Formen des Personalpronomens (persönliches Fürwort) lauten im Akkusativ:

Akkusativ	**me**	(mich)	**nous**	(uns)
	te	(dich)	**vous**	(euch, Sie)
	le, la	(ihn, sie, es)	**les**	(sie)

Achtung: Die Vokale der Singularformen des Personalpronomens werden elidiert, wenn ein vokalisch anlautendes Verb folgt.
„de" und „à" verschmelzen nicht mit nachfolgendem Personalpronomen „le" oder „les".

Die Stellung des Personalpronomens:

1. Das Personalpronomen steht **vor dem konjugierten Verb.**
   Beispiele: Nous livrons la marchandise. (Wir liefern die Ware.)
   Nous **la** livrons. (Wir liefern sie.)

2. Folgt dem konjugierten Verb ein Infinitiv, so steht das Personalpronomen vor dem Infinitiv.
   Beispiele: Nous pouvons livrer la marchandise. (Wir können die Ware liefern.)
   Nous pouvons **la** livrer. (Wir können sie liefern.)

Verneinung: Achten Sie darauf, dass auch bei der Verneinung das Personalpronomen nicht von dem Verb getrennt wird:
Beispiele: Nous la livrons.
Nous **ne** la livrons **pas**.
Nous pouvons la livrer.
Nous **ne pouvons pas** la livrer.

Zur betonten Form des Personalpronomens und zum Pronominaladverb siehe Anmerkung 7.

Konjugation der unregelmäßigen Verben

faire (machen, tun, lassen)		**lire** (lesen)		**dire** (sagen)	
je fais	nous faisons	je lis	nous lisons	je dis	nous disons
tu fais	vous fait**es**	tu lis	vous lisez	tu dis	vous dit**es**
elle/il fait	elles/ils font	elle/il lit	elles/ils lisent	elle/il dit	elles/ils disent

Vokabeln

anbei	**ci-joint; en annexe**
bitte (+ Inf.)	**veuillez faire**
bitte schicken Sie	**veuillez envoyer**
bitten	**prier qn de faire***
danken, jdm. für etwas	**remercier qn de (pour) qch**
dass	**que**
s. freuen zu tun	**être heureux de faire**
gegenwärtig	**actuel, actuelle**
gemäß	**selon**
heute	**aujourd'hui**
in (Brief)	**dans**
Lasten (zu Ihren...)	**à votre charge**
lesen	**lire**
per Luftpost	**par avion**
machen	**faire**
mitteilen, jdm. etwas	**informer qn de qch**
ob	**si (s'il, si elle)**
Post (Briefe)	**le courrier**
mit getrennter Post	**par courrier séparé**
mit gleicher Post	**par même courrier**
postwendend	**par retour du courrier**
sagen	**dire**
sicher	**sûr, e**
zukommen lassen	**faire parvenir**

* »faire« steht stellvertretend für das verlangte Verb

Übungen

Ersetzen Sie das substantivische Akkusativobjekt durch das entsprechende Personalpronomen:

Nous exécutons votre ordre. — Nous l'exécutons.

1. J'accepte vos conditions.

2. Nous vendons la marchandise.

3. Le fabricant baisse les prix.

4. Le vendeur change l'offre.

5. Les clients passent les ordres.

6. Nous ne payons pas la facture.

7. Nous exportons cette marchandise.

8. Ils n'acceptent pas les conditions.

Setzen Sie den Infinitiv ein und ersetzen Sie das substantivische Akkusativobjekt durch das entsprechende Personalpronomen:

Nous exécutons votre ordre (pouvoir). — Nous pouvons l'exécuter.

1. Nous payons la facture (devoir).

2. J'achète les articles (vouloir).

3. Ils n'effectuent pas la livraison (pouvoir).

4. Vous exécutez les ordres (pouvoir).

5. Le vendeur change l'offre (devoir).

6. Ils n'importent pas les articles (vouloir).

7. Ils virent le montant de la facture (devoir).

8. Le fabricant ne baisse pas le prix (pouvoir).

Übersetzen Sie:

1. Wir bitten Sie, die Muster so schnell wie möglich zu schicken.

2. In Ihrem Brief vom 3. d.M. bitten Sie uns, Ihrem Kunden einige Muster zukommen zu lassen.

3. Wir schicken sie mit gleicher Post.

4. ... Ihre Artikel. Wir sind sicher, dass wir sie auf unserem Markt einführen können.

5. ... Ihre Ware. Ich bin sicher, dass ich sie auf unserem Markt verkaufen kann.

6. ... Ihren Auftrag. Wir führen ihn mit größter Sorgfalt aus.

7. ... unser Auftrag. Wir bitten Sie, ihn gemäß unseren Anweisungen auszuführen.

8. ... die neuesten Kataloge. Bitte schicken Sie sie postwendend.

9. ... Ihre Bedingungen. Wir können sie nicht annehmen.

10. ... die Muster. Wir schicken sie per Luftpost an die Adresse Ihres Kunden.

11. ... dieser Artikel. Unser Fabrikant stellt ihn nicht mehr her.

12. ... die Preise. Wir ermäßigen sie um 5%.

13. ... die Preise. Wir können sie nicht ermäßigen.

14. ... der Artikel. Sie müssen ihn heute an unseren Kunden absenden.

15. ... die Artikel. Wir können sie nicht mehr liefern.

16. ... die Muster. Wir schicken sie zu unseren Lasten per Luftpost.

17. ... die Preise. Sie müssen sie um 5% ermäßigen.

18. ... die Kataloge. Wir schicken sie heute mit getrennter Post.

19. ... Wir freuen uns, Ihnen mitteilen zu können, dass der Kunde Ihre Bedingungen annimmt.

20. ... unsere letzte Preisliste. Wir schicken sie anbei.

21. ... diese Ware. Wir haben sie nicht mehr am Lager.

22. Bitte informieren Sie uns postwendend, ob Sie unsere Bedingungen annehmen können.

23. ... die Muster. Ich schicke sie heute Morgen ab.

24. ... die Fabrikanten. Wir haben ihre Preislisten noch nicht. Wir haben sie noch nicht.

10 Das Personalpronomen (Dativ)

Die Formen des **Personalpronomens** lauten im Dativ:

Dativ	**me**	(mir)	**nous**	(uns)
	te	(dir)	**vous**	(euch, Ihnen)
	lui	(ihm, ihr)	**leur**	(ihnen)

Für die Stellung, die Elision (ausgenommen »lui«) und die Verneinung gelten die Regeln wie beim Personalpronomen im 4. Fall.

Konjugation der unregelmäßigen Verben:

convenir (zusagen)
devenir (werden - Vollverb)
maintenir (aufrechterhalten)
soutenir (standhalten)
venir (kommen)

je viens	nous venons
tu viens	vous venez
elle/il vient	elles/ils viennent

permettre (erlauben)
promettre (versprechen)
soumettre (unterbreiten)

je soumets	nous soumettons
tu soumets	vous soumettez
elle/il soumet	elles/ils soumettent

Vokabeln

angeben	**indiquer**
aufrechterhalten	**maintenir**
Ausfertigung	**l'exemplaire (m)**
– in 2-facher A.	**en double exemplaire**
– in 3-facher A.	**en triple exemplaire**
bald	**bientôt**
Bezugnahme, unter B. auf	**en référance à**
bis zum	**jusqu' à**
detailliert	**détaillé, e**
Einführungsrabatt	**le rabais d'introduction**
empfehlen,	**recommander**
jdm. etwas zu tun	**à qn de faire qch**
Ende	**la fin**
Ende Juli	**fin juillet**
erlauben,	**permettre**
jdm. etwas zu tun	**à qn de faire qch**
fest (Angebot)	**ferme**
folgend	**suivant, e**
illustriert	**illustré, e**
kommen	**venir**
Lage, in der L. sein	**être à même de; être en mesure de**
per E-Mail	**par courrier électronique**
raten,	**conseiller**
jdm. etwas zu tun	**à qn de faire qch**
sowie	**ainsi que**
und	**et**
unterbreiten	**soumettre**
Ursprungszeugnis	**le certificat d'origine**
versprechen,	**promettre**
jdm. etwas zu tun	**à qn de faire qch**
Versuchsauftrag	**l'ordre d'essai**
vor (einem Zeitpunkt)	**avant**
vor Ende Juni	**avant fin juin**
vorschlagen,	**proposer**
jdm. etwas zu tun	**à qn de faire qch**
Webseite	**la page Web**
weil (im Nachsatz)	**parce que**
werden (Vollverb)	**devenir**
zusagen (gefallen)	**convenir à qn**

Übungen

Ersetzen Sie das substantivische Dativobjekt durch das entsprechende Personalpronomen:

Nous envoyons une lettre **au client. — Nous lui envoyons une lettre.**

1. Nous soumettons des offres à nos clients.
2. Nous vendons une marchandise de première qualité à notre client.
3. J'envoie une offre à la maison Dupont & Cie.
4. Le client veut passer un ordre à son fournisseur.
5. Les fabricants accordent un rabais à Messieurs Dupont & Cie.
6. Nous ne conseillons pas à nos clients d'accepter ces conditions.
7. La maison envoie le catalogue à son client.
8. Nous recommandons à nos clients d'accepter ce prix.
9. Le fabricant peut offrir cet article à ses clients.
10. Cette qualité ne convient pas à nos clients.
11. Nous devons livrer cette marchandise à M. Duval.

Übersetzen Sie:

1. Anbei schicken wir Ihnen das Ursprungszeugnis.
2. Der Kunde erteilt uns mehrere Aufträge.
3. Wir sind bereit, Ihnen einen Einführungsrabatt von 5% zu gewähren.
4. Bitte schicken Sie mir postwendend Ihre Preisliste.
5. Wir können Ihnen diesen Artikel nicht mehr anbieten, weil der Fabrikant ihn nicht mehr herstellt.
6. Der Kunde bittet Sie, ihm die Rechnung in dreifacher Ausführung zuzuschicken.
7. Wir sind in der Lage, Ihnen ein sehr günstiges Angebot zu unterbreiten.
8. Bitte schicken Sie uns Ihren illustrierten Katalog.

9. Unsere Kunden bitten uns, ihnen nur feste Angebote zu unterbreiten.

10. Ich bitte Sie, mir Ihre Preisliste so schnell wie möglich zu schicken.

11. Ich kann Ihnen bedeutende Aufträge erteilen, wenn Sie mir Ihre Ware zu einem günstigen Preis anbieten.

12. Unser Kunde teilt uns mit, dass ihm die Qualität der Ware zusagt.

13. Wir bitten Sie, uns einige Muster zukommen zu lassen.

14. Bitte geben Sie uns Ihre Preise nur cif Casablanca an.

15. Der Fabrikant schlägt uns vor, ihm einen Versuchsauftrag zu erteilen.

16. Anbei schicken wir Ihnen unseren Auftrag, und wir bitten Sie, ihn so schnell wie möglich auszuführen.

17. Der Hersteller ist bereit, Ihnen Sonderrabatte zu gewähren.

18. Unsere Kunden bitten uns, ihnen Angebote zu unterbreiten.

19. Die Qualität der Ware sagt uns nicht zu.

20. Wir empfehlen Ihnen, uns so schnell wie möglich Ihren Auftrag zu erteilen, weil wir nicht sicher sind, ob wir die gegenwärtigen Preise noch lange aufrechterhalten können.

21. Mit gleicher Post schicken wir Ihnen unseren neuesten Katalog sowie unsere Preisliste.

22. Unter Bezugnahme auf Ihr Angebot vom 5. d.M. bitte ich Sie, mir die Ware bis zum 28. d.M. zukommen zu lassen.

23. Wir bieten Ihnen diesen Artikel zu (den) folgenden Bedingungen an: ...

24. Wir können Ihnen die Ware nicht vor Ende Juli schicken.

25. Wir freuen uns, Ihnen den Auftrag erteilen zu können.

26. Unser Kunde bittet uns, ihm ein neues Angebot zu unterbreiten.

27. Wir raten Ihnen, uns den Auftrag bald zu erteilen.

28. Unsere Kunden teilen uns mit, dass ihnen die Qualität der Ware zusagt.

29. Die Firma Y bittet uns, ihr diese Anweisungen per E-Mail zukommen zu lassen.

30. Wir empfehlen Ihnen die detaillierten Informationen auf unserer Webseite.

11 Die reflexiven Verben, die Reflexivpronomina

Die für die Korrespondenz wichtigsten **reflexiven** (rückbezüglichen) **Verben** sind:

s'adresser à	sich wenden an
se décider à faire	sich entschließen zu tun
s'élever à	sich belaufen auf
s'empresser de faire	sich beeilen zu tun
s'engager à faire	sich verpflichten zu tun
s'entendre	sich verstehen
s'épuiser	sich erschöpfen, zur Neige gehen
s'intéresser à	sich interessieren für
s'occuper de	sich befassen mit
se permettre de	sich erlauben
se référer à	sich beziehen auf

Die **Reflexivpronomina** (rückbezügliche Fürwörter) lauten:

ich beziehe mich	je	**me**	réfère	nous	**nous**	référons	wir beziehen uns
du beziehst dich	tu	**te**	réfères	vous	**vous**	référez	Sie beziehen sich
er bezieht sich	elle/il	**se**	réfère	elles/ils	**se**	réfèrent	sie beziehen sich

Übersetzen Sie also wie folgt:

Sie wenden **sich** an... **Vous vous** adressez à...
Sie müssen **sich** wenden an... **Vous** devez **vous** adresser à...

Verneinung: Die Verneinung wird nach der gleichen Regel vorgenommen wie bei den Personalpronomina.
Beispiele: Vous **ne** vous adressez **pas** à...
Vous **ne** devez **pas** vous adresser à...

Achtung: Alle Verben auf »...ger« bilden die 1. Person Plural Präsens wie folgt:
nous nous engag**e**ons
Achten Sie auf das zwischen »g« und »ons« geschobene »e«!

Vokabeln

Alleinvertretung	**la représentation exclusive**	freibleibendes Angebot	**offre sans engagement**
antworten auf	**répondre à**	Gespräch	**la conversation**
sich beeilen, etw. zu tun	**s'empresser de faire qch**	heutig	**d'aujourd'hui**
sich befassen mit	**s'occuper de**	sich interessieren für	**s'intéresser à**
sich belaufen auf	**s'élever à**	oder	**ou**
sich beziehen auf	**se référer à**	Produkt	**le produit**
da, weil (Satzanfang)	**comme; étant donné que**	sofort, umgehend (Adv.)	**tout de suite**
entnehmen, einem Brief	**apprendre par**	umgehend (Adj.)	**immédiat, e; prompt, e**
sich entschließen, etw. zu tun	**se décider à faire qch**	Verladung	**l'embarquement (m)**
		Verpackung	**l'emballage (m)**
sich erlauben, etw. zu tun	**se permettre de faire qch**	sich verpflichten zu tun	**s'engager à faire**
Fall, im F. von	**en cas de**	sich verstehen	**s'entendre**
Fax	**le fax**	Website	**le site sur Internet**
Fracht	**le fret**	sich wenden an	**s'adresser à**

Übungen

Setzen Sie die richtige Verbform ein:

Je ______________________________ le fabricant. — Je m'adresse au fabricant.
(s'adresser)

1. Nous ________________________ votre annonce. (se référer)
2. Nos clients ______________________ vos articles. (s'intéresser)
3. Je ________________ la conversation avec votre représentant. (se référer)
4. Veuillez ____________________________ notre fabricant. (s'adresser)
5. Je ____________________________ ces articles. (s'intéresser)
6. Le client ______________ la maison Dupont & Cie. (s'adresser)
7. Vous ____________________________ nos articles. (s'intéresser)
8. Nous ______________________ répondre à votre lettre. (s'empresser)
9. Le rabais ______________________________ 5%. (s'élever)
10. Nous ______________________ vous envoyer nos catalogues. (se permettre)
11. Les clients ________________________ couvrir l'assurance. (s'engager)
12. Le fabricant ____________________ ses conditions de vente. (se référer)

Übersetzen Sie:

1. Seit langem schon befassen wir uns mit dem Export dieser Artikel.

____

2. Unsere Kunden interessieren sich für Ihre Artikel.

____

3. Da Sie sich für unsere Waren interessieren, unterbreiten wir Ihnen heute ein sehr günstiges Angebot.

____

____

4. Wir beziehen uns auf Ihre Annonce in »L'Industrie française«.

____

5. Wir bitten Sie, sich an unseren Fabrikanten zu wenden.

____

6. Unser Kunde interessiert sich für Ihre Produkte.

____

7. Wir können uns nicht entschließen, Ihnen diesen Auftrag zu erteilen.

____

8. Unsere Preise verstehen sich fob Hamburg, Verpackung zu Ihren Lasten.

____

9. Im Fall von Verkauf fob oder c&f verpflichten Sie sich, die Versicherung vor der Verladung zu decken.

____

____

10. Unsere Rechnung beläuft sich auf € 34.356,–.

____

11. Die Käufer wenden sich an ihren Fabrikanten.

____

12. Ich interessiere mich für die Alleinvertretung Ihrer Artikel.

____

13. Sie müssen sich an die Firma Huber & Co wenden.

14. Unsere Angebote verstehen sich freibleibend.

15. Wir beziehen uns auf Ihr heutiges Fax.

16. Wir freuen uns, Ihrem Brief zu entnehmen, dass Sie sich für unsere Artikel interessieren.

17. Wir beeilen uns, auf Ihren Brief vom 8. d.M. zu antworten.

18. Wir erlauben uns, Ihnen unsere Kataloge sowie unsere letzte Preisliste zu schicken.

19. Wir beeilen uns, Ihnen mitzuteilen, dass wir diesen Artikel nicht mehr liefern können.

20. Die Firma X bezieht sich auf ihre Website.

21. Die Fabrikanten beziehen sich auf ihre E-Mails.

12 Der Fragesatz, das Fragepronomen

Bei der Bildung der Frage ist zunächst zu prüfen, ob das Subjekt ein Personalpronomen oder ein Substantiv ist.

1. Das Subjekt des Fragesatzes ist ein Personalpronomen

Der Fragesatz wird durch **Inversion** gebildet, d. h., das Subjekt steht **nach** dem konjugierten Verb. Es wird durch einen Bindestrich angeschlossen.

Aussagesatz:		**Vous pouvez**	**envoyer cet article.**
Frage ohne Fragewort:		**Pouvez-vous**	**envoyer cet article?**
Frage mit Fragewort:	**Quand**	**pouvez-vous**	**envoyer cet article?**
Verneinte Frage:	**Ne**	**pouvez-vous pas**	**envoyer cet article?**

2. Das Subjekt des Fragesatzes ist ein Substantiv

Der Fragesatz wird durch die **absolute Fragekonstruktion** gebildet, d. h., das Subjekt wird in Form des entsprechenden Personalpronomens **nach** dem konjugierten Verb wiederholt. Es wird durch einen Bindestrich angeschlossen.

Aussagesatz:	**Le fabricant**	**offre**	**cet article.**
	La maison	**offre**	**cet article.**
Frage ohne Fragewort:	**Le fabricant**	**offre-t-il***	**cet article?**
	La maison	**offre-t-elle***	**cet article?**
Frage mit Fragewort:	**Quand les fabricants**	**offrent-ils**	**cet article?**
	Quand les maisons	**offrent-elles**	**cet article?**
Verneinte Frage:	**Le fabricant**	**n'offre-t-il pas***	**cet article?**
	Les maisons	**n'offrent-elles pas**	**cet article?**

* Bei der 3. Person Singular der Verben auf »...er« sowie bei den Verben, die wie diese konjugiert werden, wird zur Erleichterung der Aussprache ein »-t-« zwischen dem konjugierten Verb und dem Personalpronomen eingefügt.

3. Bildung der Frage mit der Umschreibung »est-ce que«

Der Fragesatz wird am einfachsten mit der Umschreibung »est-ce que« gebildet. Wegen der Unkompliziertheit (Wortstellung des Aussagesatzes bleibt erhalten) ist diese Fragekonstruktion in der gesprochenen Sprache sehr beliebt.

Frage ohne Fragewort:	**Est-ce que le fabricant**	**offre**	**cet article?**
	Est-ce qu'il	**offre**	**cet article?**
Frage mit Fragewort:	**Quand est-ce que le fabricant**	**offre**	**cet article?**
	Quand est-ce qu'il	**offre**	**cet article?**
Verneinte Frage:	**Est-ce que le fabricant**	**n'offre pas**	**cet article?**
	Est-ce qu'il	**n'offre pas**	**cet article?**

4. Das Fragepronomen

Das **substantivische** Fragepronomen lautet

	bei Personen		bei Sachen	
Nominativ	**qui**	(wer)	**qu'est-ce qui**	(was)
Akkusativ	**qui**	(wen)	**que** oder **qu'est-ce que**	(was)
	Mit Präposition:			
	Präposition + qui		**Präposition + quoi**	

Beispiele: De qui parlez-vous? (Von wem sprechen Sie?)
De quoi parlez-vous? (Wovon sprechen Sie?)
A quoi vous intéressez-vous? (Wofür interessieren Sie sich?)

Achtung: Ist das Fragepronomen Subjekt des Satzes, erfolgt keine Umstellung

Beispiel: Qui exporte ces marchandises? (Wer exportiert diese Waren?)

Das **adjektivische** Fragepronomen lautet bei Personen und Sachen:

	Mask.		Fem.	
Sing.	**quel**	(welcher)	**quelle**	(welche)
Plur.	**quels**	(welche)	**quelles**	(welche)

Das adjektivische Fragepronomen richtet sich stets nach dem dazugehörigen Substantiv.

Beispiele: Quel article pouvez-vous livrer? (Welchen Artikel können Sie liefern?)
Quels articles pouvez-vous livrer? (Welche Artikel können Sie liefern?)
Quelles sont vos conditions? (Welches sind Ihre Bedingungen?)
Quels sont vos prix? (Welches sind Ihre Preise?)

Vokabeln

Auftragsbestätigung	**la confirmation d'ordre**
E-Mail-Adresse	**l'adresse (f) électronique**
	l'adresse e-mail
erhalten (durch Bemühung)	**obtenir**
früher	**plus tôt**
seit wann	**depuis quand**
sprechen	**parler**
sprechen über	**parler de**
sprechen mit jdm	**parler avec qn, parler à qn**
Stück	**la pièce**
umfassen	**comprendre (Konj. s. Kap 13)**
Verbindung, sich in V. setzen mit	**contacter qn**
wann	**quand**
warum	**pourquoi**
was	**qu'est-ce qui (1. Fall)**
	que; qu'est-ce que (4. Fall)
welche	**quelle, quels, quelles**
welcher	**quel**
wen	**qui**
wer	**qui**
wie viel	**combien de**
wo	**où**
wohin	**où**

Übungen

Formen Sie den Aussagesatz in eine Frage um:

Vos prix sont avantageux. — Vos prix sont-ils avantageux?

1. Vos conditions sont compétitives.

2. Il peut livrer cette marchandise.

3. Vos clients sont contents de la marchandise.

4. Les clients virent le montant de la facture.

5. Vos fabricants peuvent réduire leurs prix.

6. Notre banque peut nous accorder un crédit.

7. Nos clients acceptent ces conditions.

8. Votre maison exporte cet article.

9. Vos prix s'entendent cif Casablanca.

10. Votre fabricant est prêt à nous accorder un rabais.

11. La banque nous accorde un crédit.

12. Le client couvre l' assurance à Hambourg.

13. La marchandise convient à vos clients.

14. Votre client nous passe un ordre.

15. La maison Dubois travaille dans cette branche depuis longtemps déjà.

Übersetzen Sie:

1. Welche Bedingungen können Sie uns geben?

2. Haben Sie die Ware auf Lager?

3. Brauchen Sie die Ware vor dem 31. März?

4. Welches sind Ihre Verkaufsbedingungen?

5. Welche Artikel können Sie uns sofort liefern?

6. Welche Rabatte können Sie uns gewähren?

---

7. Wann kann Ihr Fabrikant uns die Ware schicken?

---

8. Warum kann Ihr Fabrikant uns die Ware nicht früher liefern?

---

9. Warum sagt die Qualität unserer Ware Ihren Kunden nicht zu?

---

10. An wen muss ich mich wenden, wenn ich folgende Information erhalten will?

---

11. Seit wann arbeitet Ihre Firma in dieser Branche?

---

12. An welche Adresse sollen wir diese Ware schicken?

---

13. Wann kann Ihr Hersteller 10.000 Stück liefern?

---

14. Welche Firma stellt diesen Artikel her?

---

15. Wann können Sie die Ware abschicken?

---

16. Welche Mengen können Sie sofort liefern?

---

17. Wieviele Kisten (la caisse) soll die erste Lieferung umfassen?

---

18. Sind Ihre Kunden mit der Qualität der Waren zufrieden?

---

19. Mit welchen Fabrikanten arbeiten Sie zusammen?

---

20. Sollen wir Ihnen die Ware sofort nach der Auftragsbestätigung schicken?

---

21. Mit wem muss ich mich in Verbindung setzen, um diese Information zu erhalten?

---

22. Was benötigen Sie?

---

23. Mit wem möchten (wollen) Sie sprechen?

---

24. Womit sind Sie nicht zufrieden?

---

25. Wofür interessieren Sie sich?

---

26. Welches ist Ihre E-Mail-Adresse?

---

13 Das Relativpronomen

Die Formen der häufigsten Relativpronomen (bezügliches Fürwort) lauten:

Nominativ:	**qui**
Akkusativ:	**que**

Im Gegensatz zum Deutschen bleiben Geschlecht und Zahl des Bezugswortes bei **qui** und **que** unberücksichtigt.

Beispiele: Le prix **qui** est favorable... – Der Preis, der günstig ist...
Les conditions **qui** sont avantageuses... – Die Bedingungen, die günstig sind...
La lettre **que** nous envoyons... – Der Brief, den wir schicken...
Les ordres **que** nous passons... – Die Aufträge, die wir erteilen...

Wenn eine Präposition (**avec, pour, sans** usw.) vor dem Relativpronomen steht, lauten dessen Formen:

bei Sachen:		bei Personen:
Präposition +	**lequel**	Präposition + **qui**
	laquelle	
	lesquels	
	lesquelles	

Beispiele: La maison avec **laquelle** nous coopérons...
Les maisons avec **lesquelles** nous coopérons...
Le client avec **qui** nous coopérons...
Les clients avec **qui** nous coopérons...

Das Relativpronomen **lequel** richtet sich also in Geschlecht und Zahl nach dem Bezugswort.

Achtung: 1. Die Präposition **à** verbindet sich mit dem Relativpronomen **lequel** zu folgenden Formen:

	Maskulin	Feminin
Singular	**auquel**	**à laquelle**
Plural	**auxquels**	**auxquelles**

2. Die Präposition **de** vor einem Relativpronomen führt zu der Sonderform **dont**, die unveränderlich ist.

Beispiele: Nous ne connaissons pas les conditions de livraison **de la** firme.
Relativsatz: La maison **dont** nous ne connaissons pas les conditions de livraison.
(Die Firma, **deren** Lieferbedingungen wir nicht kennen.)

Nous sommes contents **de la** qualité.
Relativsatz: La qualité **dont** nous sommes contents.
(Die Qualität, **mit der** wir zufrieden sind.)

Zur Form des neutralen Relativpronomens »was« siehe Anm. 4.

Konjugation der unregelmäßigen Verben:

connaître (kennen)		écrire (schreiben)		prendre (nehmen)	
je connais	nous connaissons	j'écris	nous écrivons	je prends	nous prenons
tu connais	vous connaissez	tu écris	vous écrivez	tu prends	vous prenez
elle/il connaît	elles/ils connaissent	elle/il écrit	elles/ils écrivent	elle/il prend	elles/ils prennent

Vokabeln

Aufstellung	**le relevé**	mit	**avec**
augenblicklich	**actuellement**	Monat, in diesem	**ce mois-ci**
behalten	**garder**	nehmen	**prendre**
bitten, jdn. um etwas b.	**(nur:) demander qch à qn**	Preisnachlass	**la remise**
jdn. bitten, etwas zu tun	**1. prier qn de faire qch**	recht; ziemlich (Adv.)	**assez**
	2. demander à qn de faire qch	schreiben	**écrire**
entnehmen aus	**apprendre par**	sehr (Verb +)	**(Verb +) beaucoup**
entsprechen (Ihrem Wunsch, Ihren Erwartungen, Vorstellungen)	**répondre à vos exigences**	standhalten (d. Konkurr.)	**soutenir la concurrence**
		Teil	**la partie**
		teuer	**cher, chère**
Information über	**l'information (f) sur qch**	verfügen über	**disposer de**
kennen	**connaître**	Vorschlag	**la proposition**
Konto	**le compte (en banque)**	zusammenarbeiten mit	**coopérer avec**
leider (Adv.)	**malheureusement**	Zustand	**l'état (m)**
Maschine	**la machine**	– in gutem Zustand	**en bon état**

Übungen

Setzen Sie das Relativpronomen ein:

1. Les prix ______________ vous indiquez.
2. Les clients ______________ ne sont pas contents de la marchandise.
3. La qualité ______________ nos clients ne sont pas contents.
4. La maison ______________ vous pouvez vous adresser est...
5. Les marchandises ______________ nous avons besoin.
6. L'offre ______________ nous vous soumettons est avantageuse.
7. Les articles ______________ nous ne disposons plus.
8. Le fabricant ______________ nous coopérons.
9. L'offre ______________ est avantageuse.
10. Les offres ______________ nous vous remercions.
11. Les conditions ______________ la concurrence offre cette marchandise.
12. La qualité ______________ nous vous offrons.
13. Le rabais ______________ nous pouvons vous accorder.
14. Les clients ______________ cette qualité ne convient pas.

Übersetzen Sie:

1. Die Preise, die Sie angeben, sind zu hoch.

____

2. Wir danken Ihnen für den Rabatt, den Sie uns gewähren wollen.

____

3. Das ist eine Firma, die wir schon lange kennen.

____

4. Das Angebot, das Sie uns unterbreiten, ist sehr interessant.

____

5. Hiermit bestätigen wir den Erhalt Ihrer E-Mail von heute Morgen, für die wir Ihnen sehr danken.

____

6. Unsere Kunden, mit denen wir schon seit langem zusammenarbeiten, wollen nur Waren erster Qualität kaufen.

7. Wir behalten den Teil der Ware, der in gutem Zustand ist.

8. Die Lieferfristen, die Sie angeben, sind zu lang.

9. Das Angebot, das Sie uns unterbreiten, können wir leider nicht annehmen.

10. Anbei schicken wir Ihnen unsere Rechnung, die sich auf € 21.345,– beläuft.

11. Wir müssen Ihnen mitteilen, dass die Ware, die Sie uns anbieten, zu teuer ist.

12. Der Fabrikant, der uns die Maschinen anbietet, will uns einen Preisnachlass gewähren.

13. Wir können Ihnen den Artikel, um den Sie uns bitten, nicht liefern.

14. Sie können über den Teil der Ware verfügen, mit dem wir nicht zufrieden sind.

15. Für die Aufträge, die Sie uns in diesem Monat erteilen, gewähren wir Ihnen einen Sonderrabatt.

16. Die Artikel, von denen wir Ihnen heute einige Muster schicken, sind augenblicklich am Lager.

17. Leider können wir Ihnen die Maschinen, für die Sie sich interessieren, nicht liefern.

18. Die Firma, an die Sie sich wenden können, hat folgende E-Mail-Adresse: ...

19. Die Rabatte, die Sie zu gewähren bereit sind, sind recht niedrig.

20. Die Preise, die Sie angeben, können der Konkurrenz nicht standhalten.

21. Anbei eine Aufstellung der Waren, die wir benötigen.

22. Das Angebot, das Sie uns unterbreiten, können wir nicht annehmen.

23. Wir bestätigen den Erhalt Ihres Briefes vom 28. vergangenen Monats, aus dem wir entnehmen, dass Sie die Waren noch nicht liefern können.

24. Die Bedingungen, zu denen die Konkurrenz diesen Artikel anbietet, sind sehr günstig.

25. Anbei eine Liste der Waren, für die wir uns interessieren.

26. Sie müssen die Preise, die Sie angeben, um 3% ermäßigen, wenn Sie konkurrenzfähig bleiben wollen.

27. Die Qualität, die Sie uns anbieten, entspricht nicht unseren Erwartungen.

28. Die Vorschläge, die Sie uns unterbreiten, sind sehr interessant.

14 Das Perfekt

Das **Perfekt** (vollendete Gegenwart) wird gebildet mit dem Präsens von »**avoir**« oder »**être**« und dem zweiten Partizip (Mittelwort der Vergangenheit).

Perfekt: **Präsens von »avoir« + zweites Partizip**
bei einigen Verben:
Perfekt: **Präsens von »être« + zweites Partizip**

Zweites Partizip der regelmäßigen Verben

Infinitiv	**Zweites Partizip**	
acheter	achet**é**	(gekauft)
finir	fin**i**	(beendet)
vendre	vend**u**	(verkauft)

Zweites Partizip der wichtigsten unregelmäßigen Verben:

Infinitiv	**Zweites Partizip**	Infinitiv	**Zweites Partizip**
aller	**allé (e)**	**offrir**	**offert (e)**
avoir	**eu (e)**	**ouvrir**	**ouvert (e)**
connaître	**connu (e)**	**se plaindre**	**plaint (e)**
croire	**cru (e)**	**pouvoir**	**pu (e)**
devoir	**dû (e)**	**prendre**	**pris (e)**[2]
dire	**dit (e)**	**produire**	**produit (e)**[3]
écrire	**écrit (e)**	**recevoir**	**reçu (e)**
être	**été**	**tenir**	**tenu (e)**[4]
faire	**fait (e)**	**venir**	**venu (e)**[5]
lire	**lu (e)**	**voir**	**vu (e)**
mettre	**mis (e)**[1]	**vouloir**	**voulu (e)**

[1]) so auch: commettre, permettre, promettre, remettre, soumettre, transmettre
[2]) so auch: apprendre, comprendre
[3]) so auch: réduire
[4]) so auch: contenir, maintenir, obtenir, retenir, soutenir
[5]) so auch: convenir, devenir, parvenir, revenir

Das Perfekt der mit »avoir« verbundenen Verben

j'	**ai**	achet**é**	(ich habe gekauft)
tu	**as**	achet**é**	(du hast gekauft)
il	**a**	achet**é**	(er hat gekauft)
elle	**a**	achet**é**	(sie hat gekauft)
nous	**avons**	achet**é**	(wir haben gekauft)
vous	**avez**	achet**é**	(Sie haben/ihr habt gekauft)
ils	**ont**	achet**é**	(sie haben gekauft)
elles	**ont**	achet**é**	(sie haben gekauft)

Stellung des Personalpronomens:	Das Personalpronomen steht vor dem konjugierten Verb (vergl. Lektion 9 und 10): Beispiel: Nous avons exécuté l'ordre. Nous **l'**avons exécuté.
Die Verneinung:	Die Verneinungsadverbien umschließen das konjugierte Verb mit dem Personalpronomen: Beispiel: Nous **n'**avons **pas** exécuté l'ordre. Nous **ne l'**avons **pas** exécuté.

Veränderlichkeit des Partizips: Das mit »avoir« verbundene Partizip wird grundsätzlich nicht verändert.
Ausnahme: Geht ein Akkusativobjekt voran, dann richtet sich das Partizip in Geschlecht und Zahl nach diesem.

Das Akkusativobjekt kann sein:

Ein Relativpronomen:	La lettre **que** nous avons reçu**e**. (Der Brief, den wir erhalten haben.)
Ein Personalpronomen:	Il a écrit la lettre. (Er hat den Brief geschrieben.) Nous **l'**avons reçu**e**. (Wir haben ihn erhalten.) Il a écrit des lettres. (Er hat Briefe geschrieben.) Nous **les** avons reçu**es**. (Wir haben sie erhalten.)
Ein Fragepronomen + Substantiv:	**Combien de lettres** avez-vous écrit**es**? (Wieviele Briefe haben Sie geschrieben?)
Ein Fragewort + Substantiv:	**Quelle lettre** a-t-il reçu**e**? (Welchen Brief hat er erhalten?)

Das Perfekt der mit »être« verbundenen Verben

Mit »être« verbundene Verben sind: **alle reflexiven Verben** (siehe Lektion 11) sowie folgende Verben:

aller	(gehen, fahren)	**rester**	(bleiben)
arriver	(ankommen)	**retourner**	(zurückkehren)
devenir	(werden als Vollverb)	**venir**	(kommen)
entrer	(eintreten)		(aber »convenir« mit »avoir«!)
partir	(weggehen, abreisen)		

Die **Perfektformen** dieser Verben werden wie folgt gebildet:

je	**suis**	ven**u**	(ich bin gekommen)
tu	**es**	ven**u**	(du bist gekommen)
il	**est**	ven**u**	(er ist gekommen)
elle	**est**	ven**ue**	(sie ist gekommen)
nous	**sommes**	ven**us**	(wir sind gekommen)
vous	**êtes**	ven**us**	(Sie sind/ihr seid gekommen)
ils	**sont**	ven**us**	(sie sind gekommen)
elles	**sont**	ven**ues**	(sie sind gekommen)

Die Verneinung: Ils **ne** sont **pas** venus.

Veränderlichkeit des Partizips: Das mit »être« verbundene Partizip richtet sich in Geschlecht und Zahl nach dem **Subjekt**.
Ausnahme: Das Partizip der reflexiven Verben richtet sich in Geschlecht und Zahl nach dem vorangehenden Akkusativobjekt. Das Akkusativobjekt ist sehr häufig das Reflexivpronomen.

Beispiel: L'assurance **s'**est occupée de cette affaire.
(Die Versicherung hat sich mit dieser Angelegenheit befasst.)

Die unmittelbare Vergangenheit wird mit dem Präsens von »venir de« und dem Infinitiv des betreffenden Verbs ausgedrückt:

Unmittelbare Vergangenheit:
Präsens von »venir de« + Infinitiv

Beispiel: Nous **venons de recevoir** votre lettre. – (Wir haben **soeben** Ihren Brief erhalten.)

Vokabeln

ankommen	**arriver**
anvertrauen, jdm. etwas	**confier qch à qn**
bekannt	**connu, e**
sich beschweren über	**se plaindre de**
bestellen	**commander**
deshalb	**c'est pourquoi**
deswegen	**c'est pourquoi**
einhalten (Termine, Bedingungen usw.)	**observer**
eintreten (in Geschäftsbeziehungen)	**entrer en ...**
empfangen	**recevoir (je reçois, nous recevons, ils reçoivent)**
erhalten (durch Einsatz)	**obtenir**
Ersatzteil	**la pièce de rechange**
Erzeugnis	**le produit**
fahren	**aller**
fehlend	**manquant, e**
festsetzen	**fixer, stipuler**
feststellen	**constater**
gehen	**aller**
Geschäftsbeziehung	**la relation d'affaires**
gestern	**hier**
gewünscht	**demandé, e; désiré, e**
Hälfte	**la moitié**
Handelskammer	**la chambre de commerce**
hiesig	**d'ici; de cette ville**
immer	**toujours**
inzwischen	**entretemps**
Irrtum	**l'erreur (f)**
mir ist ein I. unterlaufen	**j'ai fait (commis) une erreur**
Jahr	**l'an (m), l'année (f)**
Kiste	**la caisse**
kurzfristig	**à bref délai**
Liefertermin	**la date de livraison**
niemals	**ne ... jamais**
oben erwähnt	**susmentionné, e**
Prospekt	**le prospectus**
rechtzeitig	**à temps**
Rohstoff	**la matière première**
Schwierigkeit	**la difficulté**
sehen	**voir (je vois, nous voyons, ils voient)**
solch (Adj.)	**tel, telle (vor Subst.)**
steigen (Preis)	**augmenter**
suchen	**chercher**
übergeben	**transmettre**
Verkauf	**la vente**
vor	**il y a***
vor zwei Wochen	**il y a deux semaines**
wegfahren	**partir (je pars, nous partons)**
weggehen	**partir**
zurückhalten	**retenir**
zurückkommen	**revenir**
zurückschicken	**retourner (mit »avoir« verbunden)**

* vom Zeitpunkt des Sprechens zurückgerechnet.

Übungen

Setzen Sie ins Perfekt:

1. Nous exécutons votre ordre.

____

2. Nos clients acceptent ces conditions de vente.

____

3. Les fabricants produisent ces articles.

____

4. Les clients sont contents de la qualité.

____

5. Nous nous décidons à vous passer un ordre.

____

6. Nous n'acceptons pas ces conditions de vente.

7. J'écris une lettre au fournisseur.

8. Vous effectuez la livraison.

9. Le fabricant n'augmente pas ses prix.

10. Nos clients se réfèrent à votre annonce.

11. Nous ouvrons un accréditif en votre faveur.

12. Le client est content de l'exécution de l'ordre.

13. Le fournisseur expédie l'envoi.

14. Notre fabricant offre les marchandises suivantes.

15. Je m'empresse de vous envoyer les échantillons.

16. Les fabricants ne livrent pas la marchandise à temps.

17. Je ne coopère pas avec cette maison.

18. Nous vendons ces articles.

19. Vous nous promettez d'expédier la marchandise à temps.

20. Nous lisons votre annonce.

21. J'examine votre offre.

22. Vous vous adressez à notre fabricant.

23. Nous ne produisons pas cet article.

24. Le client reçoit l'envoi.

25. Nos clients ont des difficultés avec cet article.

26. Vous voulez entrer en relations d'affaires avec nous.

27. Je dois augmenter mes prix.

28. Notre client se décide à acheter cet article.

29. Je ne vends pas ces articles.

30. La marchandise arrive en bon état.

31. Vous réduisez vos prix.

32. Nous pouvons accepter ces conditions.

33. J'apprends par votre lettre.

34. Les clients ne sont pas contents de la qualité.

35. Nous entrons en relations d'affaires avec la maison Dubois.

36. Vous nous soumettez une offre très favorable.

Bilden Sie die Perfektformen nach folgendem Beispiel:

J'introduis la marchandise. – La marchandise que j'ai introduite.

1. Nous écrivons la lettre.

2. Le fabricant produit la marchandise.

3. J'ouvre l'accréditif en votre faveur.

4. Vous nous soumettez l'offre.

5. M. Dupont introduit ces articles sur le marché français.

6. Nous acceptons les conditions.

7. J'offre la marchandise à mes clients.

8. Les fabricants vendent les marchandises.

9. La maison Dubois paie la facture.

10. Nous examinons votre offre.

Übersetzen Sie:

1. Wir haben Ihren Brief vom 6. d. M. erhalten.

2. Ihre Sendung ist nicht rechtzeitig angekommen.

3. Wir haben Ihren Auftrag ausgeführt.

4. Sie haben den Liefertermin nicht eingehalten.

5. Wir haben Ihrem Brief vom 2. d. M. entnommen, dass Sie sich für unsere Produkte interessieren.

6. Er hat uns ein günstiges Angebot unterbreitet.

7. Der Fabrikant hat uns versprochen, die Ware umgehend abzuschicken.

8. a) Wir haben unseren Kunden die Kataloge geschickt.

8. b) Wir haben ihnen die Kataloge geschickt.

8. c) Wir haben sie unseren Kunden geschickt.

9. Unser Kunde hat die Sendung überprüft und festgestellt, dass Sie nicht die gewünschte Menge geliefert haben.

10. Unsere Fabrikanten haben uns mitgeteilt, dass sie diesen Artikel nicht mehr herstellen.

11. Wir haben Ihnen die Kataloge postwendend geschickt.

12. Wir haben soeben erfahren, dass unser Fabrikant seine Preise erhöht hat.

13. Ich habe Ihre Angebote erhalten und habe sie geprüft.

14. Leider haben wir Ihre Bedingungen nicht annehmen können.

15. Die Ware, die wir erhalten haben, entspricht den Mustern.

16. Wir haben feststellen müssen, dass Ihre Preise zu hoch sind.

17. Die Bedingungen, die Sie vorgeschlagen haben, sind recht günstig.

18. Unsere Versicherung hat sich mit dieser Angelegenheit befasst.

19. Sie haben eine Ware geliefert, die wir nicht bestellt haben.

20. Ich habe soeben Ihre E-Mail erhalten.

21. Die hiesige Handelskammer hat uns mitgeteilt, dass Sie Importeur der obengenannten Artikel sind.

22. Wir können Ihnen mitteilen, dass sich die Firma Dupont entschlossen hat, uns den Verkauf ihrer Erzeugnisse anzuvertrauen.

23. Mehrere Kunden haben sich über die langen Lieferfristen beschwert.

24. Der Hersteller hat die festgesetzten Fristen nicht einhalten können.

25. Wir haben den Fabrikanten gebeten, Ihnen die fehlenden Stücke per Luftpost zu schicken.

26. Ich habe meinen Kunden diese Ware nicht anbieten können.

27. Die Kisten sind in gutem Zustand angekommen.

28. Wir sind vor 6 Monaten mit dieser Firma in Geschäftsbeziehungen getreten.

29. Leider hat unser Vertreter nicht nach Lyon kommen können.

30. Inzwischen haben wir Ihre Lieferung erhalten.

31. Der Lieferant hat uns diesen Artikel zu einem Sonderpreis angeboten.

32. Unsere Fabrikanten haben einen solchen Artikel niemals hergestellt.

33. Diese Firma ist sehr bekannt.

34. Ihr Vertreter hat uns gesagt, dass Sie 2.000 Stück kurzfristig liefern können.

35. Wir haben die Prospekte nicht erhalten.

36. Ich habe Ihren Brief vom 17. d. M. erhalten, für den ich Ihnen danke.

37. Unser Vertreter hat uns soeben mitgeteilt, dass Sie sich für den Artikel X interessieren.

38. Die Preise der Rohstoffe sind vorige Woche gestiegen.

39. In Ihrer Annonce habe ich gelesen, dass Sie einen Vertreter suchen.

40. Wir haben die fehlenden Stücke noch nicht erhalten.

15 Das Futur I – Das Pronomen »tout«

Das Futur I

Das Futur (Zukunft) wird gebildet, indem an den Infinitiv (= Futurstamm) die Präsensformen von »avoir« gehängt werden:

je donner + **ai** = je donner**ai**
nous donner + (av)**ons** = nous donner**ons**

Die Formen lauten:

je	donner**ai** (ich werde geben)	nous	donner**ons** (wir werden geben)
tu	donner**as** du wirst geben	vous	donner**ez** (Sie werden/ihr werdet geben)
elle/il	donner**a** (er wird geben)	elles/ils	donner**ont** (sie werden geben)

Die Infinitivendung »e« wird elidiert (vendre, je vendrai).

Ausnahmen: Einige Verben haben einen Futurstamm, der nicht mit dem Infinitiv übereinstimmt. Dazu gehören:

aller - j'irai	envoyer - j'enverrai	pouvoir - je pourrai	venir - je viendrai
avoir - j'aurai	être - je serai	recevoir - je recevrai	voir - je verrai
devoir - je devrai	faire - je ferai	tenir - je tiendrai	vouloir - je voudrai
payer - je paierai			

Achtung: Das Futur kann im Französischen auch durch das Präsens von »aller« + Infinitiv gebildet werden. Beispiele: Ich werde kommen - Je vais venir. Wir werden schicken - Nous allons envoyer.

Diese Form des Futurs ist in der Handelskorrespondenz **nicht** üblich.

Im Gegensatz zum Deutschen, das ein zukünftiges Geschehen oder einen zukünftigen Zustand auch im Präsens ausdrücken kann, muss im Französischen stets das Futur verwendet werden, wenn von Handlungen oder Zuständen in der Zukunft die Rede ist. Dies gilt besonders, wenn adverbielle Bestimmungen der Zeit auf die Zukunft verweisen, z. B.:

demain (morgen)
dans deux jours (in, nach zwei Tagen)
dans les huit jours (in, binnen acht Tagen)
(dans) les jours prochains (in den nächsten Tagen)
dans une semaine (in einer Woche)
dans les deux semaines (in, binnen zwei Wochen)
le mois prochain (nächsten Monat)

Nach »**espérer**« (hoffen) steht im Nebensatz stets Futur, wenn auf die Zukunft verwiesen wird.

Beispiel: J'espère que la qualité vous conviendra.
(Ich hoffe, dass Ihnen die Qualität zusagt, zusagen wird.)

Futur II (vollendete Zukunft) siehe Anmerkung 5.

Das Pronomen »tout«

»tout« als Substantiv verwendet, hat folgende Formen und Bedeutungen:

Singular:	Il comprend **tout**. (Er versteht **alles**.)
Plural:	Ils viennent **tous**. (Sie kommen **alle**.)
	Elles viennent **toutes**. (Sie kommen **alle**.)

»tout« als Adjektiv verwendet, hat folgende Formen und Bedeutungen:

Singular:	**tout le** magasin (das **ganze** Lager)
	toute la ville (die **ganze** Stadt)
Plural:	**tous les** clients (**alle** Kunden)
	toutes les caisses (**alle** Kisten)

In der Regel steht zwischen dem adjektivischen »tout« und dem folgenden Substantiv der bestimmte Artikel, ein Demonstrativ- oder ein Possessivpronomen.

Abweichend von dieser Regel findet man in der Handelskorrespondenz auch folgende Wendungen:

en tout cas (auf jeden Fall, in jedem Fall)
toutes sortes de (alle Arten von)
tous frais à notre charge (alle Kosten zu unseren Lasten)
assurer contre tous risques (gegen alle Risiken versichern)

Vokabeln

alle	**tous, toutes**
alles	**tout**
Art	**la sorte**
Anlage	**l'annexe (f), la pièce jointe (Abk. P. J.)**
in der Anlage	**ci-joint**
Aufmerksamkeit	**l'attention (f)**
aufmerksam machen auf	**attirer l'attention sur le fait**
Auftragszettel	**le bon de commande**
bis auf weiteres	**jusqu'à nouvel ordre**
ebenso (günstig)	**aussi (favorable)**
einlagern	**emmagasiner**
Einzelheit	**le détail**
Erhalt	**la réception**
nach Erhalt	**après réception**
finden	**trouver**
ganz	**tout**
gegen	**contre**
gleich (Adj.)	**même**
gutschreiben, jdm. etwas g.	**créditer qn de qch**
hoffen	**espérer**
ich hoffe, dass	**j'espère que**
ich hoffe zu tun	**j'espère faire**
in acht Tagen	**dans les huit jours (binnen)**
in zwei Tagen	**dans deux jours (nach)**
in den nächsten Tagen	**(dans) les jours prochains**
in einem Monat	**dans un mois**
Kopie	**la copie**
Kosten	**les frais (m), les coûts (m)**
lange (Adv.)	**longtemps**
Luftfracht	**le fret aérien**
per Luftfracht	**par fret aérien**
Modell	**le modèle**
möglich	**possible**
es ist möglich, etw. zu tun	**il est possible de faire qch**
sein Möglichstes tun	**faire tout son possible pour**
morgen	**demain**
nach (zeitl.)	**après**
nächster	**prochain, e**
Proformarechnung	**la facture proforma**
Risiko	**le risque**
Summe	**la somme**
Tag	**le jour**
technisch	**technique**
Teilverladung	**l'embarquement partiel**
überzeugt sein	**être convaincu, e**
jdn. veranlassen, etw. zu tun	**inciter qn à faire qch**
vermeiden zu tun	**éviter de faire**
versichern	**assurer**
Versicherungspolice	**la police d'assurance**
Woche	**la semaine**
nächste Woche	**la semaine prochaine**

Übungen

Setzen Sie die folgenden Sätze ins Futur:

1. J'exécute votre ordre.
2. La marchandise arrive à temps.
3. Nous ouvrons un compte à la Banque Nationale.
4. Je vous accorde un rabais de 5%.
5. Les prix augmentent.
6. Les clients n'acceptent pas les conditions.
7. Vous recevez une copie.
8. La firme Garnier nous représente en France.
9. Nous vous passons l'ordre.
10. Notre banque s'occupe de cette affaire.
11. Vous avez le bon de commande.
12. Les commandes que nous exécutons...
13. Nos clients ont des difficultés avec ce modèle.
14. Le fabricant fait tout son possible.
15. Cette qualité convient à nos clients.
16. Nous vous envoyons quelques échantillons.
17. Vous êtes contents de la qualité.
18. Je peux vous soumettre une offre avantageuse.
19. Les fabricants doivent baisser leurs prix.
20. Vous recevez les échantillons.

Übersetzen Sie:

1. Morgen schicken wir Ihnen alle Muster.

2. Der Hersteller wird Ihren Auftrag mit großer Sorgfalt ausführen.

3. Anbei finden Sie unsere Proformarechnung.

4. Ich werde die Rechnung nach Erhalt der Ware bezahlen.

5. Wir hoffen, dass Sie in der Lage sein werden, die gegenwärtigen Preise noch lange aufrecht zu erhalten.

6. Wir werden unser möglichstes tun, den Auftrag gemäß den Anweisungen auszuführen, die Sie uns gegeben haben.

7. Sie werden alle gewünschten Kataloge so schnell wie möglich erhalten.

8. Wir sind sicher, dass Ihnen die Qualität der Ware zusagen wird.

9. Der Kunde wird die Ware bis auf weiteres einlagern.

10. Unsere Lieferanten werden ihr möglichstes tun, um Ihre Aufträge rechtzeitig auszuführen.

11. Die Qualität der Waren wird der Qualität der Muster entsprechen müssen.

12. Der Hersteller wird die Ware nicht vor Ende Juli abschicken können.

13. Wir hoffen, dass unsere Preise Sie veranlassen werden, uns einen ersten Auftrag zu erteilen.

14. Nächsten Monat werde ich nicht in der Lage sein, Ihnen ein ebenso günstiges Angebot zu unterbreiten.

15. Ich werde Ihnen den Betrag von € ... gutschreiben.

16. Ihr Angebot wird sehr günstig sein müssen, weil die Konkurrenz auf unserem Markt sehr groß ist.

17. Alle unsere Fabrikanten werden ihre Preise um 5% erhöhen.

18. Sie werden Ihre Preise um 3% ermäßigen müssen, wenn Sie konkurrenzfähig bleiben wollen.

19. Wir werden Ihnen den Auftragszettel in den nächsten Tagen schicken.

20. Wir sind überzeugt, dass Sie mit der Qualität dieses Artikels zufrieden sein werden.

21. Ich werde Ihnen in den nächsten Tagen eine Kopie der Versicherungspolice zuschicken.

22. Wir eröffnen das Akkreditiv einen Monat vor Versand der Ware.

23. Wir sind sicher, dass sich unsere Kunden für Ihre Angebote interessieren werden.

24. Der Fabrikant wird seine gegenwärtigen Preise nicht aufrechterhalten können.

25. Morgen werde ich die Ersatzteile per Luftfracht schicken.

26. Ich werde Ihnen einen Einführungsrabatt von 4% gewähren.

27. Wir hoffen, dass die Qualität dieses Modells Ihren Erwartungen entspricht.

28. In dem Prospekt finden Sie alle technischen Einzelheiten, die Sie benötigen.

29. Da der Auftrag sehr groß ist, müssen wir Sie darauf aufmerksam machen, dass wir mehrere Teilverladungen nicht werden vermeiden können.

30. Ich werde die Sendung gegen alle Risiken versichern.

16 Das Adverb

Das Adverb (Umstandswort) kann im Deutschen wie im Französischen bestimmen:

ein **Verb**	(Wir ***prüfen*** alle Angebote **sorgfältig**.)
ein **Adjektiv**	(Die Lieferfristen sind **verhältnismäßig *lang*.**)
ein anderes **Adverb**	(Wir prüfen alle Angebote **sehr *sorgfältig*.**)

Im Deutschen kann jedes Adjektiv unverändert als Adverb verwendet werden. Im Französischen gibt es:

Ursprüngliche Adverbien (déjà, très, beaucoup, ici, demain etc.)
Abgeleitete Adverbien (von Adjektiven)

Das abgeleitete Adverb wird gebildet durch **feminine Form des Adjektivs + ... ment.**

Endung:	Adjektiv	Adverb	
Normalform	**heureux, se**	**heureusement**	(glücklicherweise)
Ausnahmen: Adjektive mit der Endung			
betont, vokalisch	**vrai, e**	**vraiment**	(wirklich)
...ant	**constant, e**	**constamment**	(ständig)
...ent	**récent, e**	**récemment**	(kürzlich)
...e	**rapide**	**rapidement***	(schnell)

Alle Adverbien sind unveränderlich!

Achtung:

Die Adjektive »bon, bonne« und »mauvais, e« haben keine abgeleiteten Adverbien. Die entsprechenden Adverbien lauten **»bien« und »mal«.**

»**vite**« (schnell) ist ein ursprüngliches Adverb und darf nicht als Adjektiv verwendet werden.
Beispiel: Eine schnelle Lieferung – Une livraison rapide

Beachten Sie bitte die feststehenden Verbindungen:

acheter cher (teuer kaufen)	acheter bon marché (billig kaufen)
vendre cher (teuer verkaufen)	vendre bon marché (billig verkaufen)
coûter cher (teuer sein)	

Stellung des Adverbs: (Faustregeln)

In Bezug auf ein **Verb** (konjugiertes Verb oder Infinitiv). – Das Adverb steht **nach** dem Bezugswort.
Beispiele: Nous examinerons soigneusement l'offre.
Vous devez emballer soigneusement la marchandise.
Aber bei zusammengesetzten Zeiten steht das Adverb häufig zwischen konjugiertem Verb und Partizip.
Beispiel: Nous avons soigneusement examiné l'offre.

In Bezug auf ein **Adjektiv** oder ein anderes **Adverb** – Das Adverb steht **vor** dem Bezugswort.
Beispiele: Les délais de livraison sont relativement longs.
Nous examinerons toutes les offres très soigneusement.

Zeit- und Ortsadverbien stehen in der Regel am Anfang oder am Ende des Satzes.
Beispiel: La marchandise est arrivée hier.

»Malheureusement« steht in der Regel am Anfang des Satzes.
Beispiel: Malheureusement, nous ne sommes pas en mesure de livrer les marchandises commandées.

* **Aber: conformément, énormément, précisément.**

Vokabeln

abnehmen (Ware, Sendung)	**prendre**
Absicht	**l'intention, f**
die A. haben, etw. zu tun	**avoir l'intention de faire qch**
andere, r, s	**autre**
Ankunft	**l'arrivée, f**
ausreichend	**suffisant, e**
äußerst (Adv.)	**extrêmement**
bedauern, etw. zu tun	**regretter de faire qch**
besonders (Adv.)	**particulièrement**
Bestimmungshafen	**le port de destination**
beträchtlich	**considérable**
billig	**bon marché (unveränderlich)**
billig kaufen	**acheter bon marché**
billig verkaufen	**vendre bon marché**
entsprechend	**conformément à**
Erhalt	**la réception**
nach Erhalt	**après réception**
erwähnen	**mentionner**
genau, streng (Adv.)	**strictement**
genug	**assez**
gewiss (Adv.)	**certainement**
gut (Adv.)	**bien**
sich irren	**se tromper**
Juni	**juin**
Kaffee	**le café**
kontrollieren	**contrôler**
kurz	**court, e**
kürzlich (Adv.)	**récemment**
Lage	**la situation**
lebhaft (Adv.)	**vivement**

leicht (Adv.)	**facilement**
Marktlage	**la situation sur le marché**
Nachricht	**la nouvelle**
N. von Ihnen erhalten	**recevoir de vos nouvelles**
Posten	**le lot, la partie**
preiswert	**bon marché (unveränderlich)**
Produktion	**la production**
prompt (Adj.)	**prompt, e**
pünktlich (Adv.)	**ponctuellement**
regelmäßig	**régulier, ière**
Reis	**le riz**
schlecht (Adv.)	**mal**
schnell (Adj.)	**rapide**
schnell (Adv.)	**vite, rapidement**
schwierig	**difficile**
sicherlich	**sûrement**
sofort (Adv.)	**immédiatement**
sofortig	**prompt, e; immédiat, e**
sofort nach Erhalt	**dès réception**
sorgfältig	**soigneux, se**
ständig (Adv.)	**constamment**
Tee	**le thé**
teuer kaufen	**acheter cher (unveränderlich)**
teuer verkaufen	**vendre cher (unveränderlich)**
umladen	**transborder**
unbedingt (Adv.)	**absolument**
verhältnismäßig (Adv.)	**relativement**
verpacken	**emballer**
wahrscheinlich (Adv.)	**probablement**
wirklich (Adv.)	**vraiment**
ziemlich	**assez**

Übungen

Setzen Sie das abgeleitete Adverb ein:

1. Nous emballerons la marchandise. (soigneux)

____

2. Ces articles nous intéressent. (particulier)

____

3. Les prix sont avantageux. (extrême)

____

4. Le fabricant regrette cette affaire. (vif)

____

5. Les offres que nous vous soumettons sont favorables. (particulier)

____

6. Ils nous ont passé des ordres. (régulier)

____

7. Nos clients ont des difficultés avec cet article. (constant)

____

8. La qualité du riz est bonne. (vrai)

____

9. Vous devez observer nos instructions. (strict)

____

10. Nos délais de livraison sont courts. (relatif)

____

Übersetzen Sie:

1. Wir haben die Ware sorgfältig verpackt.

2. Dieses Modell verkauft sich schlecht auf unserem Markt.

3. Da Sie diese Ware ziemlich teuer verkaufen, wenden wir uns an einen anderen Fabrikanten.

4. Wir werden Ihre Aufträge immer prompt ausführen.

5. Dieser Artikel hat sich immer leicht verkauft.

6. Sie haben die Ware schlecht verpackt.

7. Wir hoffen, bald von Ihnen Nachricht zu erhalten.

8. Wir haben kürzlich unsere Preise um 3% erhöht.

9. Ich muss Ihnen leider mitteilen, dass ich nicht in der Lage bin, die gegenwärtigen Preise aufrecht zu erhalten.

10. Unser Fabrikant teilt uns mit, dass er die Produktion des erwähnten Artikels beträchtlich erhöht hat.

11. Sie haben sich sicherlich geirrt.

12. Wir haben diesen Posten ziemlich leicht verkaufen können.

13. Die Waren entsprechen nicht genau den Mustern, die Sie uns vor einigen Wochen geschickt haben.

14. Wir haben Ihnen regelmäßig unsere Prospekte und Preislisten zukommen lassen.

15. Die Preise für Kaffee und Tee sind in diesem Jahr besonders günstig.

16. Sie müssen unsere Versandanweisungen unbedingt beachten.

17. Teilen Sie uns bitte mit, für welchen Artikel Sie sich besonders interessieren.

18. Die Preise für Reis dieser Qualität sind beträchtlich gestiegen.

19. Wir haben Ihre Lieferung sehr sorgfältig geprüft.

20. Wir können Ihnen die Hälfte der bestellten Ware sofort liefern.

21. Die Angebote Nr. 34/8 und 35/19 interessieren uns besonders.

22. Wir bedauern lebhaft, die Ware nicht abnehmen zu können.

23. Bitte teilen Sie uns sofort die Ankunft der Sendung im Bestimmungshafen mit.

24. Sie werden die Ware sehr sorgfältig verpacken müssen.

25. Wir können Ihnen leider den gewünschten Rabatt nicht gewähren.

26. Wir haben ständig Schwierigkeiten mit diesem Modell.

27. Die Marktlage ist schlecht, und deshalb verkauft sich dieser Artikel nicht besonders gut.

28. Wir werden wahrscheinlich die Sendung in Conakry umladen müssen.

29. Der Fabrikant wird wahrscheinlich nicht in der Lage sein, den Auftrag pünktlich vor Ende Juni auszuführen.

30. Unmittelbar nach Erhalt haben wir die Ware sehr sorgfältig überprüft.

17 Der Teilungsartikel

Um eine unbestimmte Menge oder eine unbestimmte Anzahl anzugeben, verzichtet man im Deutschen auf den Gebrauch eines Artikels: Ich kaufe Wein. – Ich schicke Kataloge.

Im Französischen muss in solchen Fällen der Teilungsartikel verwendet werden.

Form des Teilungsartikels

Zur Angabe einer unbestimmten **Menge:**

mask.	**du; de l'...** (vor vokal. anlautendem Substantiv)
fem.	**de la; de l'...** (vor vokal. anlautendem Substantiv)

Zur Angabe einer unbestimmten **Anzahl:**

mask. u. fem.	**des** (identisch mit dem unbestimmten Artikel im Plural)

Beispiele: Nous importons du vin. (Wir importieren Wein.)
Nous importons de l'anis. (Wir importieren Anis.)
Nous exportons de la bière. (Wir exportieren Bier.)
Nous exportons de l'avoine. (Wir exportieren Hafer.)
Nous exportons des machines. (Wir exportieren Maschinen.)

Anstelle des Teilungsartikels steht in zahlreichen Fällen »**de**«.

»de« nach Mengenangaben:

Adverbien:				Substantive:		
assez	**de**	+ Substantiv	(genügend)	une caisse	**de**	eine Kiste...
beaucoup	**de**	+ Substantiv	(viel)	un fût	**de**	ein Fass...
combien	**de**	+ Substantiv	(wie viel)	une tonne	**de**	eine Tonne...
peu	**de**	+ Substantiv	(wenig)	un kilo	**de**	ein Kilo...
tant	**de**	+ Substantiv	(so viel)	un sac	**de**	ein Sack...
trop	**de**	+ Substantiv	(zu viel)	etc.		

Beispiele: Nous avons beaucoup **de** clients. (Wir haben viele Kunden.)
Nous livrons 50 sacs **de** café. (Wir liefern 50 Sack Kaffee.)

»de« nach der Verneinung:

ne... pas **de** (kein, e)
ne... plus **de** (kein, e mehr)

Beispiele: Nous n'avons pas de difficultés. (Wir haben keine Schwierigkeiten.)
Nous n'avons plus de catalogues. (Wir haben keine Kataloge mehr.)
Zur verneinten Form von »être« siehe Anmerkung 6

»de« vor Adjektiven, die in der Pluralform vor Substantiven stehen:

avoir de grandes difficultés (große Schwierigkeiten haben)
In der gesprochenen Sprache setzt sich jedoch durch: avoir des grandes difficultés

Prägen Sie sich genau ein:
d'autres clients, maisons... (andere Kunden, Firmen...)
d'autres ordres, commandes, rabais... (weitere Aufträge, Bestellungen, Rabatte...)
de tels articles.... (solche Artikel...) de nombreux clients... (zahlreiche Kunden...)
de nombreuses maisons... (zahlreiche Firmen...)
la plupart des clients, maisons sont... (die meisten Kunden, Firmen sind...)
la plupart du temps... (meistens...)
aber:
sans difficultés, réclamations... (ohne Schwierigkeiten, Reklamationen...)
plusieurs clients, maisons... (mehrere Kunden, Firmen...)
quelques clients, maisons... (einige Kunden, Firmen...)
certain(e)s clients, maisons... (gewisse Kunden, Firmen...)
différent(e)s clients, maisons... (verschiedene Kunden, Firmen...)

Achtung: Vor Berufsbezeichnungen steht kein Artikel!
Beispiel: Wir sind Importeure. – Nous sommes importateurs.

Vokabeln

absetzen (Ware)	**écouler**
Afrika	**l'Afrique, f**
in Afrika	**en Afrique**
andere Kunden	**d'autres clients**
Angebot über	**l'offre de**
Anis	**l'anis (m)**
annehmen, vermuten	**supposer**
Arbeit	**le travail, les travaux**
Auskunft	**le renseignement**
betreffend (Adj.)	**en question**
der betreffende Artikel	**l'article en question**
dringend etwas brauchen	**avoir grand besoin de qch**
es gibt	**il y a**
finanziell	**financier, -ière**
französisch	**français, e**
auf französisch	**en français**
Geschäft, e. gutes G. machen	**faire une bonne affaire**
e. schlechtes G. machen	**faire une mauvaise affaire**
gewisse(r) (+ Subst.)	**certain, e (+ Subst.)**
Hafer	**l'avoine (f)**
kein(e)	**ne ... pas de**
kein(e) mehr	**ne ... plus de**
Maschine	**la machine**
die meisten (+ Subst.)	**la plupart des (Verb im Plural)**
meistens	**la plupart du temps**
ohne	**sans**
Referenzen	**les références (f)**
Sack	**le sac**
Saison	**la saison**
Scheck	**le chèque**
Schwierigkeiten haben, etw. zu tun	**avoir des difficultés à faire qch**
so viel (+ Subst.)	**tant de**
Sprache, in französischer	**la langue, en langue française**
Tonne	**la tonne**
vermuten	**supposer**
verschiedene (+ Subst.)	**différent(e)s (+ Subst.)**
viel, e (+ Subst.)	**beaucoup de**
Wein	**le vin**
weitere	**d'autres (+ Subst.)**
wenig (+ Subst.)	**peu de**
wie viel (+ Subst.)	**combien de**
zahlreiche (+ Subst.)	**de nombreux (+ Subst.)**
zusätzlich (Adj.)	**complémentaire ; supplémentaire**
zu viel (+ Subst.)	**trop de**

Übungen

Ergänzen Sie die Mengenangabe:

1. M. Dubois a commandé du thé. (20 sacs)

____

2. Il y a des maisons qui offrent le même article. (beaucoup)

____

3. Notre client aura des difficultés à vendre cet article. (peu)

____

4. J'ai encore des catalogues en langue française. (assez)

____

5. La maison Dupont exporte des machines. (beaucoup)

____

6. Les caisses sont arrivées en bon état. (la plupart)

____

7. Pouvez-vous nous livrer du riz? (200 tonnes)

____

8. Nous avons déjà reçu des réclamations. (plusieurs)

____

9. Les clients nous ont passé des ordres. (quelques)

____

10. Les clients ne sont pas contents de la qualité. (la plupart)

____

Verneinen Sie diese Sätze:

1. Vous aurez des difficultés à vendre cet article.

2. Nous avons reçu des réclamations.

3. Le fabricant nous a soumis des offres.

4. Vous nous avez envoyé des échantillons.

5. Nous avons reçu des chèques.

6. La maison Dupin a des représentants en Afrique.

7. Ils nous ont envoyé un message électronique.

8. Notre client a commandé du vin.

9. Le fabricant nous a envoyé des catalogues.

10. Nous avons des clients en France.

Übersetzen Sie:

1. Unser Kunde hat finanzielle Schwierigkeiten.

2. Wir haben uns schon mit verschiedenen Fabrikanten in Verbindung gesetzt.

3. Es wird schwierig sein, Käufer für solche Artikel zu finden.

4. Die meisten Kunden wollen nur eine Ware erster Qualität.

5. Der Fabrikant hat uns mitgeteilt, dass er keine Kataloge mehr in französischer Sprache hat.

6. Die Sendung enthält mehrere Artikel, die ich nicht bestellt habe.

7. Da ich keine Ware mehr am Lager habe, bitte ich Sie, meinen Auftrag so schnell wie möglich auszuführen.

8. Die Firma Lefèvre hat uns äußerst günstige Angebote unterbreitet.

9. Wir sind leider nicht in der Lage, Ihnen weitere Rabatte zu gewähren.

10. Wieviele Tonnen Hafer können Sie sofort liefern?

11. Wir müssen Ihnen leider mitteilen, dass wir nur wenige Artikel dieser Qualität auf Lager haben.

12. Ich werde große Schwierigkeiten haben, die Ware zu diesen Bedingungen abzusetzen.

13. Wir haben in der letzten Saison gute Geschäfte mit diesem Artikel gemacht.

14. Ich kann Ihnen kurzfristig 2 Tonnen Kaffee liefern.

15. Die Qualität der meisten Artikel, die Sie uns angeboten haben, entspricht nicht unseren Erwartungen.

16. Wir haben soviele Schwierigkeiten mit der Herstellung des Artikels gehabt, dass wir nicht vor Ende Juni liefern können.

17. Wir benötigen dringend 200 Sack Reis.

18. Wir werden uns erlauben, Ihnen andere Artikel anzubieten.

19. Seit Jahren schon importieren wir Tee.

20. Wir haben soeben erfahren, dass mehrere Kunden mit der Qualität der gelieferten Ware nicht zufrieden sind.

21. Es gibt zahlreiche Firmen, die dieses Modell auch anbieten.

22. Wir werden Ihnen einige Kataloge in französischer Sprache schicken.

23. Wir nehmen an, dass Sie keine Schwierigkeiten haben werden, diese Angelegenheit zu regeln.

24. Wir können Ihnen sehr gute Referenzen in Frankreich nennen (angeben).

25. Wir haben die Absicht, Ihnen größere Aufträge zu erteilen.

26. Ich habe noch genügend Ersatzteile am Lager.

27. Wir benötigen gewisse zusätzliche Auskünfte.

28. Die Konkurrenz bietet diese Artikel zu sehr günstigen Preisen an.

29. Bitte schicken Sie uns einige Exemplare Ihres illustrierten Katalogs.

30. Wir hoffen, dass Sie die betreffenden Weine zu günstigen Preisen anbieten können, da die Konkurrenz auf unserem Markt sehr stark ist.

31. Wir haben augenblicklich keine Ersatzteile am Lager.

32. Können Sie diese Qualität zu konkurrenzfähigen Preisen liefern?

18 Imperfekt, Plusquamperfekt, Konditional I, Konditional II, Bedingungssätze

Imperfekt (unvollendete Vergangenheit), **Plusquamperfekt** (Vorvergangenheit), **Konditional I** und **Konditional II** (Bedingungsformen) erscheinen in der Handelskorrespondenz fast nur in den Bedingungssätzen.

Imperfekt

Das Imperfekt wird gebildet mit dem Stamm der 1. Pers. Pl. Präsens + Imperfektendungen.
Ausgangsform: nous **écriv** ons

j'écriv**ais**	(ich schrieb)	nous écriv**ions**	(wir schrieben)
tu écriv**ais**	(du schriebst)	vous écriv**iez**	(Sie schrieben)
elle/il écriv**ait**	(er schrieb)	elles/ils écriv**aient**	(sie schrieben)

Ausnahme: être: j'étais - ich war nous étions - wir waren

Das Imperfekt bezeichnet außerhalb des Bedingungssatzes einen Zustand in der Vergangenheit.
Les marchandises se trouvaient sous hangar de douane. (Die Waren befanden sich im Zollschuppen.)

Plusquamperfekt

Das Plusquamperfekt wird mit dem Imperfekt von »avoir« oder »être« + 2. Partizip gebildet.

avoir		**être**	
j'avais écrit	(ich hatte geschrieben)	j'étais arrivé	(ich war angekommen)
tu avais écrit	(du hattest geschrieben)	tu étais arrivé	(du warst angekommen)
elle/il avait écrit	(er hatte geschrieben)	elle/il était arrivé	(er war angekommen)
nous avions écrit	(wir hatten geschrieben)	nous étions arrivés	(wir waren angekommen)
vous aviez écrit	(Sie hatten geschrieben)	vous étiez arrivé(s)	(Sie waren angekommen)
elles/ils avaient écrit	(sie hatten geschrieben)	elles/ils étaient arrivés	(sie waren angekommen)

Konditional I

Das Konditional I wird mit dem Futurstamm (also bei regelmäßigen Verben der Infinitiv) + Imperfektendungen gebildet.

j'écrirais	(ich würde schreiben)	nous écririons	(wir würden schreiben)
tu écrirais	(du würdest schreiben)	vous écririez	(Sie würden schreiben)
elle/il écrirait	(er würde schreiben)	elles/ils écriraient	(sie würden schreiben)
Ebenso:			
j'aurais	(ich würde haben)	je serais	(ich würde sein)

Das Konditional I wird außerhalb der Bedingungssätze oft zum Ausdruck der Höflichkeit, der Möglichkeit oder der Bitte verwendet.

Beispiel: Pourriez-vous nous envoyer quelques échantillons? - Könnten Sie uns einige Muster schicken?

Konditional II

Das Konditional II wird mit dem Konditional I von »avoir« oder »être« + 2. Partizip gebildet.

j'aurais écrit	(ich hätte geschrieben)	je serais arrivé	(ich wäre angekommen)
tu aurais écrit	(du hättest geschrieben)	tu serais arrivé	(du wärst angekommen)
elle/il aurait écrit	(er hätte geschrieben)	elle/il serait arrivé	(er wäre angekommen)
nous aurions écrit	(wir hätten geschrieben)	nous serions arrivés	(wir wären angekommen)
vous auriez écrit	(Sie hätten geschrieben)	vous seriez arrivé(s)	(Sie wären angekommen)
elles/ils auraient écrit	(sie hätten geschrieben)	elles/ils seraient arrivés	(sie wären angekommen)

Bedingungssätze

Im Deutschen werden die Bedingungssätze eingeleitet durch die Konjunktionen (Bindewörter) »wenn« oder »falls«.

Im Französischen werden sie eingeleitet durch die Konjunktion **»si«**.

Je nach der gegebenen Situation müssen im Bedingungssatz und in dem dazu gehörenden Hauptsatz bestimmte Verbformen verwendet werden. Das Französische ist hier sehr viel genauer als das Deutsche.

Die häufigsten Bedingungssätze

1. Wir erteilen Ihnen (werden Ihnen erteilen) einen Auftrag, wenn Ihre Preise günstig sind.	Nous vous passerons un ordre, si vos prix sont avantageux.
2. a) Wir erteilten Ihnen (würden erteilen) einen Auftrag, wenn Ihre Preise günstig wären.	Nous vous passerions un ordre, si vos prix étaient avantageux.
2. b) Wir wären Ihnen sehr dankbar, wenn Sie uns Muster schickten (schicken würden).	Nous vous serions reconnaissants, si vous nous envoyiez des échantillons.*)
3. Wir hätten Ihnen einen Auftrag erteilt, wenn Ihre Preise günstig gewesen wären.	Nous vous aurions passé un ordre, si vos prix avaient été avantageux.

*) üblicher: Nous vous serious reconnaissants de bien vouloir nous envoyer des échantillons.
Diese Infinitivkonstruktion ist aber nur möglich, wenn das Personalpronomen (Dativ) des Hauptsatzes Subjekt des Nebensatzes ist (im Beispielsatz »vous«).

Übersicht:	**Hauptsatz**	**»si«-Satz**
Zu 1. **Erfüllbare Bedingung** – die Preise können günstig sein (wir wissen es noch nicht)	Futur	Präsens
Zu 2. a) **Unerfüllbare Bedingung** – bezogen auf die Gegenwart oder Zukunft: die Preise **sind** nicht günstig	Konditional I	Imperfekt
Zu 2. b) kein echtes Bedingungsgefüge, sondern Ausdruck der **Höflichkeit**		
Zu 3. **Unerfüllte Bedingung** – bezogen auf die Vergangenheit: die Preise **waren** nicht günstig	Konditional II	Plusquamperfekt

Achtung: Lassen Sie sich durch die im Deutschen verwendeten Verbformen (ich wäre/ich würde sein; ich könnte/ich würde können) nicht verwirren. Achten Sie auf die beabsichtigte Aussage, und richten Sie sich dann nach der angegebenen Übersicht.

Wichtig: Nach »si« (wenn, falls) darf **nie** Futur und **nie** Konditional stehen!

Vokabeln

Annahme verweigern von (Ware, Sendung)	**refuser de prendre livraison de**
annullieren	**annuler**
Anzahl	**le nombre**
Ausnahmerabatt	**le rabais exceptionnel**
s. befinden	**se trouver**
befolgen (Anweisung)	**observer**
jdm. dankbar sein	**être reconnaissant à qn**
Datum	**la date**
Ernte	**la récolte**
falls	**si**
fest (Adj.)	**solide**
fristgerecht	**dans le délai convenu**
Gegenvorschlag	**la contre-proposition**
minder (wertig)	**inférieur, e**
mindestens	**au moins**
Möglichkeit	**la possibilité**
notwendig	**nécessaire**
rechnen mit	**compter sur**
Schuppen	**le hangar**
so (+ Adj., Adv.)	**si**
Umladung	**le transbordement**
jdm. verbunden sein	**être obligé à qn**
Verschiffungsanweisung	**l'instruction d'embarquement**
es versteht sich v. selbst	**il va de soi**
Verzollung	**le dédouanement**
via	**via**
wissen lassen	**faire savoir**
Zollschuppen	**le hangar de douane**

Übungen

Setzen Sie die richtige Form des angegebenen Verbes ein:

1. Nous aurons moins de difficultés si vous ____________ nos instructions. (observer)
2. Le client ____________ l'ordre, si vous ne pouvez pas livrer à temps. (annuler)
3. Nos clients vous ____________ d'autres ordres, si vous réduisez vos prix. (passer)
4. Les prix augmenteront, si la récolte ____________ bonne (ne pas, être)
5. Si vous ____________ ces conditions, nos clients vous passeront des ordres importants. (accepter)
6. Le client ____________ content des marchandises, si leur qualité avait correspondu à l'échantillon. (être)
7. Le client ____________ content des marchandises, si leur qualité correspondait à l'échantillon. (être)
8. Les prix ____________ si la récolte n'était pas bonne. (augmenter)
9. Si votre envoi nous ____________ , vous pourrez compter sur des commandes importantes. (convenir)
10. Le fabricant ____________ éviter cette erreur, si vous l'aviez informé avant. (pouvoir)
11. Nous ____________ , si vous nous informiez le plus vite possible de la date de l'expédition. (être heureux)
12. Nos clients vous auraient passé des ordres si vous ____________ leurs conditions. (accepter)
13. Nous vous passerions un ordre si la qualité de l'article ____________ à nos exigences (répondre).
14. Notre client ____________ prêt à vous passer un ordre si vous pouviez l'exécuter avant le 30 juin (être).
15. Si la qualité ne correspond pas à l'échantillon nous ____________ accepter l'envoi. (ne pas, pouvoir)
16. Il ne serait pas nécessaire de transborder l'envoi si vous ____________ 3 embarquements partiels. (accepter)
17. Nous vous ____________ la représentation, si le fabricant avait accepté nos conditions. (déjà, confier)
18. La maison Dubois introduirait cet article sur le marché français, si elle ____________ la possibilité de le vendre sans difficulté. (avoir)
19. Le fabricant ____________ en mesure de vous donner un rabais, si vous commandiez 1.000 pièces au moins. (être)
20. Nos clients ____________ un grand nombre de ces articles si sa qualité était bonne. (acheter)
21. Si l'emballage avait été assez solide, la marchandise ____________ en bon état. (arriver)

Übersetzen Sie:

1. Wenn Ihre Bedingungen günstig sind, erteilen wir Ihnen größere Aufträge.

2. Wenn Ihre Bedingungen günstig wären, würden wir Ihnen einen Auftrag erteilen.

3. Wir wären Ihnen dankbar, wenn Sie unser Angebot prüften.

4. Wenn uns der Hersteller die Artikel rechtzeitig schickt, werden wir in der Lage sein, Ihren Auftrag fristgerecht auszuführen.

5. Es versteht sich von selbst, dass wir Ihr Angebot akzeptierten, wenn es konkurrenzfähig wäre.

6. Wenn Sie unsere Bedingungen nicht annehmen, können wir Ihnen den Auftrag nicht erteilen.

7. Wenn Sie unsere Gegenvorschläge angenommen hätten, hätten wir Ihnen den Auftrag erteilen können.

8. Wenn Sie mindestens 1.000 Stück bestellen, gewähren wir Ihnen einen Ausnahmerabatt.

9. Unser Kunde hätte die Annahme der Ware nicht verweigert, wenn sie sich zum festgesetzten Datum im Zollschuppen befunden hätte.

10. Wenn die französische Konkurrenz auf unserem Markt nicht so stark wäre, könnten wir diesen Artikel sicherlich ohne Schwierigkeiten verkaufen.

11. Wenn die Schwierigkeiten nicht so groß gewesen wären, hätten wir den Artikel leicht verkaufen können.

12. Wenn Sie unsere Verschiffungsanweisungen befolgen, wird unser Kunde mit der Verzollung der Waren keine Schwierigkeiten haben.

13. Wir wären Ihnen sehr dankbar, wenn Sie uns postwendend Ihren Katalog und Ihre Preisliste zukommen ließen.

14. Wenn uns die Qualität der Ware zusagt, werden wir Ihnen größere Aufträge erteilen.

15. Wenn Sie den Transport via Rotterdam akzeptierten, könnten wir eine Umladung der Waren vermeiden.

16. Wenn Sie die Waren sorgfältig verpackt hätten, wären sie hier in gutem Zustand angekommen.

17. Wir wären Ihnen dankbar, wenn Sie Ihre Zahlungsbedingungen ändern könnten.

18. Wir können unsere Preise um 5% ermäßigen, wenn Sie mindestens 10.000 Stück bestellen.

19. Wenn die Ware nicht von minderer Qualität gewesen wäre, hätten unsere Kunden sie ohne Schwierigkeiten verkaufen können.

19 Steigerung und Vergleich – Das substantivische Demonstrativpronomen

Steigerung

Die **Steigerung** des Adjektivs und des Adverbs wird mit **»plus«** oder »moins« **gebildet.**

Positiv (Grundform)	avantageux	
Komparativ (Vergleichsstufe)	**plus** avantageux (vorteilhafter)	**moins** avantageux (weniger vorteilhaft)
Superlativ (Höchststufe)	le prix **le plus** avantageux (der vorteilhafteste Preis)	le prix **le moins** avantageux (der am wenigsten vorteilhafte Preis)
Steigerung des Adverbs	Cet article se vend **plus** facilement. (Dieser Artikel verkauft sich leichter.) Cet article se vend **le plus** facilement. (Dieser Artikel verkauft sich am leichtesten.)	

Ausnahmen

bon (Adj.) – meilleur – le meilleur (gut – besser – am besten)
bien (Adv.) – mieux – le mieux (gut – besser – am besten)
beaucoup (Adv.) – plus – le plus (viel – mehr – am meisten)
peu (Adv.) – moins – le moins (wenig – weniger – am wenigsten)

Beachten Sie:

1. Das Adjektiv richtet sich auch im Komparativ und Superlativ in Geschlecht und Zahl nach dem Substantiv, auf das es sich bezieht.
2. Das Adjektiv bleibt im Komparativ und Superlativ an seinem Platz (siehe dazu Kapitel 5):
   C'est un grand ordre. – C'est le plus grand ordre.
   C'est une bonne qualité. – C'est la meilleure qualité.

   Bei nachstehenden Adjektiven im Superlativ muss der bestimmte Artikel des Substantivs wieder aufgenommen werden:
   un catalogue intéressant – le catalogue le plus intéressant
   les prix les plus favorables – nos prix les plus favorables

Vergleich

Im **Vergleichssatz** steht nach dem Komparativ das Vergleichswort **»que«.**

Beispiel:
Nos prix sont **plus avantageux que** les prix de la concurrence.
Nos prix sont **moins avantageux que** les prix de la concurrence.

Beachten Sie besonders
aussi ... que – ebenso ... wie (beim Adjektiv und Adverb)
mieux ... que – besser ... als
Nach »plus« + Zahlenangabe heißt es **plus de.**

Das substantivische Demonstrativpronomen

Um die Wiederholung von Substantiven im Vergleichssatz zu vermeiden, ersetzt man das zweite Substantiv durch ein substantivisches Demonstrativpronomen (substantivisch, weil es ein Substantiv ersetzt).

Unsere Preise sind günstiger als die Preise der Konkurrenz.

Unsere Preise sind günstiger als **die (jene)** der Konkurrenz

	maskulin	feminin
Singular	**celui**	**celle**
Plural	**ceux**	**celles**

Beispiele:

1. Le prix de l'article CX est plus avantageux que **celui** de l'article CY.
   (Der Preis des Artikels CX ist günstiger als der des Artikels CY.)
2. Nos prix sont plus avantageux que **ceux** de la concurrence.
   (Unsere Preise sind günstiger als die der Konkurrenz.)
3. La qualité de l'article CY est meilleure que **celle** de l'article CX.
   (Die Qualität des Artikels CY ist besser als die des Artikels CX.)
4. Les conditions de la maison D. sont plus favorables que **celles** de la maison B.
   (Die Bedingungen der Firma D. sind günstiger als die der Firma B.)

Vokabeln

aber	**mais**
einen guten Absatz finden	**avoir un bon débit**
	se vendre bien/facilement
(im) Allgemeinen	**en général**
Anstrengung	**l'effort (m)**
Ausland	**l'étranger, m**
ausländisch	**étranger,ère**
im Ausland	**à l'étranger**
besagt	**dit,e**
besagter Artikel	**le dit article**
bisher	**jusqu'à présent**
ebenso ... wie	**aussi ... que**
einverstanden sein mit etw.	**accepter qch**
einverstanden sein mit jdm.	**être d'accord avec qn**
etwas (Adv.)	**un peu**
fraglich	**en question**
fragliche Firma	**la maison en question**
genau (Adj.)	**précis, e**
(es) handelt sich um	**il s'agit de**
Konkurrent	**le concurrent**
Kundenkreis	**la clientèle**
künftig	**à l'avenir**
Lufttransport	**le transport aérien**
Mal	**la fois**
manchmal	**parfois**
mehr als (+ Zahlenangabe)	**plus de**
meisten; am m.	**plus; le plus**
mitteilen, jdm. etw.	**communiquer qch à qn**
Seetransport	**le transport maritime**
sehr viel (länger)	**beaucoup plus (long)**
solide	**solide**
stets	**toujours**
Umsatz	**le chiffre d'affaires**
Unternehmen	**l'entreprise (f)**
vor (drei Monaten)	**il y a (trois mois)**
weniger (+ Adj.; + Adv.)	**moins**
zwar (zu Beginn des Satzes)	**il est vrai que**

Übungen

Vergleichen Sie:

1. L'article Ab se vend ______________ l'article Bc. (facilement)
2. Le prix de l'article CX est ______________ le prix de l'article CP. (élevé)
3. La qualité de l'article CX est ______________ la qualité de l'article CP. (bon)
4. Les conditions de la maison AC sont ______________ les conditions de la maison AB. (favorable)
5. L'article B est ______________ l'article A. (bon marché)
6. Le transport via Hambourg est ______________ le transport via Rotterdam. (rapide)
7. Le transport aérien est ______________ le transport maritime. (cher)
8. L'article P4 se vend ______________ l'article P3. (bien)
9. Nous exécuterons cet ordre ______________ votre dernier ordre. (soigneusement)
10. Le fabricant nous a promis de livrer la marchandise ______________ la dernière fois. (promptement)

Übersetzen Sie:

1. Wir haben die Ware zu einem günstigeren Preis kaufen können.

2. Ihre Preise sind weniger günstig als die Ihrer Konkurrenten.

3. Bitte teilen Sie uns Ihre kürzeste Lieferzeit mit.

4. Wir sind überzeugt, dass sich dieser Artikel leichter verkauft.

5. Welches sind Ihre günstigsten Bedingungen?

6. Ihre Lieferfristen sind leider sehr viel länger als die der Firma C.

7. Informieren Sie uns bitte, wenn unsere Preise weniger günstig sind als die unserer Konkurrenten.

8. Die Qualität dieser Ware ist ebenso gut wie die des Musters, das Sie uns vor zwei Wochen geschickt haben.

9. Sie werden größere Anstrengungen machen müssen, wenn Sie konkurrenzfähig bleiben wollen.

10. Wir hoffen, dass diese Waren einen besseren Absatz auf Ihrem Markt finden werden.

11. Im Allgemeinen sind unsere Preise nicht höher als die unserer Konkurrenten im Ausland.

12. Wir haben bisher mehr als 30 Kisten verkaufen können.

13. Wir bitten Sie, die Ware künftig sorgfältiger zu verpacken.

14. Meine Kunden interessieren sich nur für Waren der besten Qualität.

15. Da unser Kundenkreis größer geworden ist, bitten wir Sie, uns höhere Rabatte zu gewähren.

16. Wir können Ihnen heute die fraglichen Artikel zu einem günstigeren Preis anbieten als vor zwei Monaten.

17. Wir werden Ihnen die Ware so schnell wie möglich liefern.

18. Ich muss Ihnen leider mitteilen, dass ich Ihnen einen Rabatt von mehr als 3% nicht gewähren kann.

19. Wir werden Ihre Aufträge stets mit größter Sorgfalt ausführen.

20. Wir sind sicher, dass unsere Bedingungen ebenso günstig sind, wie die unserer französischen Konkurrenten.

21. Herr Petitjean ist unser bester Vertreter in Afrika.

22. Der Artikel CX hat sich am besten verkauft.

23. Anbei eine Liste der Waren, die uns am meisten interessieren.

24. Wir bitten Sie, die Ware künftig in solidere Kisten zu verpacken als die, die Sie das letzte Mal genommen haben.

25. Unsere Kunden sind mit diesen Bedingungen nicht einverstanden, weil sie weniger günstig sind als die, die Sie vor einem Monat vorgeschlagen haben.

26. Es handelt sich hier um einen Artikel, der etwas teurer ist als der besagte Artikel CB.

27. Dieses Unternehmen ist zwar recht klein, hat aber einen höheren Umsatz als viele größere Unternehmen der gleichen Branche.

28. Wir wissen, dass unsere Preise etwas höher sind als die der ausländischen Konkurrenz.

29. Bitte teilen Sie uns genauere Einzelheiten mit.

30. Wir wären bereit, Ihnen einen höheren Rabatt zu gewähren, wenn Sie größere Mengen bestellten.

20 Das Passiv

Das Aktiv (so genannte Tätigkeitsform) und das Passiv (so genannte Leideform) ermöglichen es, ein Geschehen (oder einen Zustand) aus zwei unterschiedlichen Perspektiven darzustellen.
Das Aktiv betont den Handelnden, den Verursacher, den »Täter«. Das Passiv stellt das Geschehen, den Vorgang in den Vordergrund (Vorgangspassiv).

Beispiel: Aktiv: Der Kunde erteilt einen Auftrag.
Passiv: Der Auftrag wird vom Kunden erteilt.

Aus dem Objekt des Aktivsatzes wird das Subjekt des Passivsatzes. Das Subjekt des Aktivsatzes wird zum präpositionalen Objekt des Passivsatzes.

Der Handelnde muss im Passivsatz nicht immer genannt werden:

Beispiel: Der Auftrag wird erteilt.

Das Passiv kann auch einen Zustand bezeichnen (Zustandspassiv):

Beispiel: Die Ware ist schon verpackt.

Im Deutschen wird das Passiv mit dem Hilfsverb »werden« + 2. Partizip (Vorgangspassiv) oder durch das Hilfsverb »sein« + 2. Partizip (Zustandspassiv) gebildet.

Im Französischen wird das Passiv mit dem Hilfsverb »être« + 2. Partizip gebildet.
Das Partizip richtet sich in Geschlecht und Zahl nach dem Subjekt.
Das präpositionale Objekt (der Handelnde) wird mit »par« angeschlossen.

Die für die Handelskorrespondenz wichtigsten Formen lauten:

Präsens: La marchandise est vendue. (Die Ware ist verkauft.)
La marchandise est vendue par le fabricant.
(Die Ware wird vom Fabrikanten verkauft.)

Perfekt: La marchandise a été vendue. (Die Ware ist verkauft worden.)

Futur: La marchandise sera vendue. (Die Ware wird verkauft werden.)

Achtung: Die Präsensform »La marchandise est vendue.« drückt einen Zustand aus (Zustandspassiv). Deutsche Passivsätze wie: »Die Ware wird verpackt.« oder »Der Auftrag wird erteilt.« können als Vorgangspassiv nicht wörtlich ins Französische übersetzt werden. Um sie wiederzugeben, muss der Handelnde (als präpositionales Objekt) genannt werden.

Beispiele: »La marchandise est emballée par le fabricant.«

oder man bildet einen aktivischen Satz:

»Nous emballerons la marchandise.«
»Le fabricant a emballé la marchandise.«

Der Handelnde muss dann jeweils aus dem Kontext (Zusammenhang) bestimmt werden.

Die Schwierigkeit, Vorgangs- und Zustandspassiv zu verdeutlichen, ergibt sich in der Praxis nur im Präsens. Perfekt und Futur stellen im Französischen Vorgänge dar, so dass die Funktion dieser Zeiten nur die Darstellung des Vorgangspassivs erlaubt.

Achtung: Enthält der Passivsatz ein Hilfsverb (devoir, pouvoir etc.), so heißt der Infinitiv: »être« + 2. Partizip.

Beispiel: La marchandise doit être emballée par le fabricant.
(Die Ware muss vom Hersteller verpackt werden.)

Übersicht

	Aktiv	Passiv
Präsens	Le fabricant vend la marchandise. (Der Hersteller verkauft die Ware.)	La marchandise est vendue par le fabricant. (Die Ware wird vom Hersteller verkauft.)
Perfekt	Le fabricant a vendu la marchandise. (Der Hersteller hat die Ware verkauft.)	La marchandise a été vendue par le fabricant. (Die Ware ist vom Hersteller verkauft worden.)
Futur	Le fabricant vendra la marchandise. (Der Hersteller wird die Ware verkaufen.)	La marchandise sera vendue par le fabricant. (Die Ware wird vom Hersteller verkauft werden.)
Hilfsverb	Le fabricant doit vendre la marchandise. (Der Hersteller muss die Ware verkaufen.)	La marchandise doit être vendue par le fabricant. (Die Ware muss vom Hersteller verkauft werden.)

Achtung: Das Passiv wirkt im Deutschen wie im Französischen schwerfällig. Der aktivische Satz ist stets vorzuziehen, es sei denn, der Urheber einer Handlung ist unbekannt oder unwichtig.

Vokabeln

Abteilung	**le service**
Anwesenheit, in A. von	**en présence de**
Arbitrage	**l'arbitrage (m)**
auch	**aussi**
aufgeben (Preise)	**établir/coter**
aufgrund	**à cause de**
avisieren	**annoncer**
Behörden	**les autorités (f)**
beschädigen	**endommager**
Dokument	**le document**
entladen	**décharger**
Entladung	**le déchargement**
erst	**seulement**
es (4. Fall)	**le**
fortlaufend	**consécutif, ve**
Frachtrate	**le taux du fret**
frei (z. B. Grenze)	**franco**
Grenze	**la frontière**
heute morgen	**ce matin**
hinweisen auf	**attirer l'attention sur**
Kaufvertrag	**le contrat de vente**
Kontraktabschluss	**la conclusion du marché**
kostenlos	**gratuit,e**
man	**on**
Musterziehung	**l'échantillonnage (m)**
noch einmal	**encore une fois**
Wir weisen Sie darauf hin, dass	**nous attirons votre attention sur le fait que**
nummerieren	**numéroter**
d. Ordnung halber	**pour la bonne règle (forme)**
sämtliche	**tous les (m), toutes les (f)**
Schaden	**le dommage**
streng	**strict,e**
Teillieferung	**la livraison partielle**
unterschreiben	**signer**
vereinbart (Bedingung)	**convenu,e; stipulé,e**
zur Verfügung stellen, jdm. etw.	**mettre qch à la disposition de qn**
Verladehafen	**le port de chargement**
verladen	**charger**
versandbereit sein	**être prêt à être expédié**
versehen (markieren) mit	**marquer de**
versiegeln	**cacheter**
Vertrag	**le contrat**
vorlegen (präsentieren)	**présenter**
während	**pendant**
wegen	**à cause de**
Zeichen	**le signe**
ziehen (Muster)	**prélever**
Zufriedenheit	**la satisfaction**
zu unserer vollen Z.	**à notre entière satisfaction**
zufriedenstellen	**satisfaire**

Übungen

Bilden Sie das Passiv:

On livrera la marchandise avant fin septembre. – La marchandise sera livrée avant fin septembre.

1. On peut expédier la marchandise.

____

2. On devra emballer la marchandise plus soigneusement.

____

3. On emballera la marchandise plus soigneusement.

____

4. On a emballé la marchandise avec grand soin.

5. On paiera la facture après réception de la marchandise.

6. On a exécuté l'ordre promptement.

7. On doit exécuter l'ordre aussi vite que possible.

8. On effectuera la livraison dans quelques jours.

9. On pourra effectuer la livraison seulement fin août.

10. On emmagasinera la marchandise ici.

Übersetzen Sie:

1. Die Ware wird morgen abgeschickt werden.

2. Die Kisten sind während des Transportes beschädigt worden.

3. Die Rechnung unserer letzten Lieferung ist noch nicht bezahlt worden.

4. Wir bedauern, Ihnen mitteilen zu müssen, dass dieser Artikel nicht mehr hergestellt wird.

5. Die Waren sind vor dem Versand geprüft worden.

6. Die Ware wird stets sorgfältig verpackt.

7. Die Artikel sind sorgfältig verpackt worden.

8. Die Lieferung der Waren muss cif Casablanca vorgenommen werden.

9. Die Muster werden Ihnen morgen per Luftpost zugeschickt.

10. Leider können die Preise nicht herabgesetzt werden.

11. Einige Stücke sind während der Entladung beschädigt worden.

12. Der gleiche Artikel wird auch von anderen Lieferanten zu günstigeren Preisen angeboten.

13. Die Lieferung hat noch nicht vorgenommen werden können.

14. Wir möchten Ihnen mitteilen, dass die Versicherung hier in Bagdad gedeckt worden ist.

15. Die Ware kann nicht vor Ende März geliefert werden.

16. Alle Kisten sind mit Ihrem Zeichen versehen worden.

17. Unsere Verschiffungsanweisungen müssen strengstens eingehalten werden.

18. Die Versicherung muss vom Lager im Verladehafen bis zum Lager im Bestimmungshafen gedeckt werden.

19. Die Kisten sind, wie Sie es gewünscht haben, fortlaufend numeriert.

20. Die Verladung muss 30 Tage nach Kontraktabschluss vorgenommen werden.

21. Uns ist von einem unserer Geschäftsfreunde mitgeteilt worden, dass Sie diesen Artikel herstellen.

22. Die Frachtrate kann nach Kontraktabschluss nicht mehr geändert werden.

23. Sie sind uns von der Firma Grosjean & Cie empfohlen worden.

24. Die Musterziehung muss in Anwesenheit von Vertretern des Käufers und des Verkäufers vorgenommen werden.

25. Die Ware wird vor Ende Juli geliefert werden.

26. Die Sendung ist vor Versand genau kontrolliert worden.

27. Die von Ihnen bestellten Waren sind seit gestern versandbereit.

28. Die Muster müssen im Bestimmungshafen gezogen und versiegelt werden, wenn Sie diese Angelegenheit einer Arbitrage unterbreiten wollen.

29. Die Sendung muss gegen alle Risiken versichert werden.

30. Diese Artikel können erst in zwei Monaten geliefert werden.

31. Die erste Teillieferung wird am 24. August vorgenommen werden.

32. Die Rechnung muss sofort nach Erhalt der Waren bezahlt werden.

33. Gemäß den Bedingungen des Kaufvertrages kann die Versicherung nicht vom Verkäufer gedeckt werden.

34. Aufgrund eines Versehens in unserer Versandabteilung sind Ihnen gestern Artikel geschickt worden, die Sie nicht bestellt hatten.

35. Der Auftrag ist zu unserer vollen Zufriedenheit ausgeführt worden.

36. Die Preise sind fob Hamburg aufgegeben.

37. Der Ordnung halber weisen wir noch einmal auf die Zahlungsbedingungen hin, die vereinbart worden sind.

38. Die Preise können nur herabgesetzt werden, wenn Sie für mehr als € 10.000,– bestellen.

39. Die Waren, die Sie uns geliefert haben, sind nicht von uns bestellt worden.

40. Die von Ihnen gewünschten Muster sind heute morgen an Sie abgeschickt worden.

41. Der von Ihnen gewünschte Artikel kann erst in 3 Monaten geliefert werden.

42. Die Dokumente werden von den hiesigen Behörden sorgfältig geprüft.

43. Die Muster können Ihnen leider nicht kostenlos zur Verfügung gestellt werden.

44. Der Schaden ist von der Versicherung geprüft worden.

45. Die Lieferung ist schon vor 4 Wochen avisiert worden, aber wir haben sie noch nicht erhalten.

46. Das Ursprungszeugnis muss vom Hersteller unterschrieben werden.

47. Die Waren werden frei Grenze geliefert.

48. Der Auftrag wird zu den vereinbarten Bedingungen ausgeführt, und wir hoffen, dass die Ausführung Sie zufriedenstellen wird.

49. Das Akkreditiv muss einen Monat vor Verladung der Ware zu unseren Gunsten eröffnet werden.

50. Alle Dokumente werden Ihnen von der Bank vorgelegt werden.

21 Der Konjunktiv

Jede sprachliche Äußerung erfolgt in einem Modus (Aussageweise). Man unterscheidet drei Modi:

Indikativ (sog. Wirklichkeitsform)
Konjunktiv (sog. Möglichkeitsform)
Imperativ (sog. Befehlsform)

Der Indikativ drückt im Deutschen wie im Französischen – in Gegenwart, Vergangenheit und Zukunft – ein Sein oder Geschehen aus, das als wirklich oder wahrscheinlich empfunden wird.

Der Konjunktiv Im Deutschen wird der Konjunktiv vor allem verwendet in der indirekten Rede oder im Bedingungsgefüge, wenn eine unerfüllbare oder unerfüllte Bedingung genannt wird:
Beispiele: Er sagte, dass er die Ware umgehend schicke...
Wenn Sie die Ware besser verpackt hätten, wäre sie in gutem Zustand angekommen.

Im Französischen steht der Konjunktiv fast nur in bestimmten Nebensätzen (in den Übersichten werden die Konjunktivformen deshalb stets mit vorangehendem »que« aufgeführt). Im Unterschied zum Deutschen steht der Konjunktiv **nie** in der indirekten Rede und **nie** im Bedingungsgefüge.
Der Konjunktiv kennzeichnet im Französischen eine Aussage als persönliche Stellungnahme (z. B. als Wunsch, Möglichkeit, Annahme, Willensäußerung, Zweifel).
In der Handelskorrespondenz erscheint der Konjunktiv nur in der Präsens- und Perfektform.

Präsens

Der Konjunktiv in der Präsensform wird abgeleitet vom Stamm der 3. Pers. Pl. Präs.

Infinitiv	Ausgangsform 3. Person Pl. Präs.	Konjunktiv Präsens
passer	ils passent	que je pass**e**
choisir	ils choisissent	que je choisiss**e**
vendre	ils vendent	que je vend**e**
Konjugation	que je pass**e**	que nous pass**ions**
	que tu pass**es**	que vous pass**iez**
	qu'elle/qu'il pass**e**	qu'elles/qu'ils pass**ent**

Besondere Formen (bedingt durch den Wechsel von betonten und unbetonten Endungen):

acheter:	que j'achète	que nous achetions
devoir:	que je doive	que nous devions
envoyer:	que j'envoie	que nous envoyions
payer:	que je paie	que nous payions
prendre:	que je prenne	que nous prenions
recevoir:	que je reçoive	que nous recevions
venir:	que je vienne	que nous venions
voir:	que je voie	que nous voyions

Ausnahmen:

avoir		**être**	
que j'aie	que nous ayons	que je sois	que nous soyons
que tu aies	que vous ayez	que tu sois	que vous soyez
qu'elle/qu'il ait	qu'elles/qu'ils aient	qu'elle/qu'il soit	qu'elles/qu'ils soient

aller:	que j'aille	que nous allions
faire:	que je fasse	que nous fassions
pouvoir:	que je puisse	que nous puissions
savoir:	que je sache	que nous sachions
vouloir:	que je veuille	que nous voulions
		qu'elles/qu'ils veuillent

Perfekt

Es gelten dieselben Regeln wie für Indikativ Perfekt. Die Formen lauten:

que j'**aie fait** – que je **sois arrivé**

Gebrauch des Konjunktivs

1. Der Konjunktiv steht **nach Verben, die eine Willensäußerung (Wunsch, Bitte, Befehl, Aufforderung)** ausdrücken, wie:

aimer que (mögen)
aimer mieux que (lieber wollen, mögen)
demander que (verlangen)
désirer que (wünschen, für sich)
préférer que (vorziehen)
souhaiter que (wünschen, für andere)
vouloir que (wollen)

Beispiel: Notre client désire que votre représentant lui rende visite (besuchen).

2. Der Konjunktiv steht **nach Verben, die eine subjektive Stellungnahme oder ein Gefühl** ausdrücken, wie:

avoir peur que (befürchten)
craindre que (befürchten)
douter que (bezweifeln)
être content que (froh sein, sich freuen)
être étonné que (erstaunt sein)
être heureux que (sich freuen, erfreut sein)
être surpris que (überrascht sein)
regretter que (bedauern)

Beispiel: Je regrette que les marchandises ne soient pas arrivées à temps.

3. Der Konjunktiv steht **nach Verben des Sagens und Denkens, wenn sie verneint oder fragend** gebraucht werden, wie:

ne pas croire que (nicht glauben, dass)
ne pas penser que (nicht denken, dass)

Beispiel: Je ne pense pas que les prix soient trop élevés.

4. Der Konjunktiv steht nach den **unpersönlichen Wendungen:**

c'est dommage que (es ist schade, dass)
il faut que (es ist nötig, dass)
il est important que (es ist wichtig, dass)
il est nécessaire que (es ist notwendig, dass)
il est possible que (es ist möglich, dass)
il semble que (es scheint, dass)
il vaut mieux que (es ist besser, dass)

Beispiel: Il faut que vous observiez strictement les instructions...

5. Der Konjunktiv steht nach folgenden **Konjunktionen** (Bindewörtern):

afin que (damit)
pour que (damit)
bien que (obgleich)
quoique (obgleich)
avant que (bevor)
à condition que (unter der Bedingung, dass)
de façon que (so dass)
de manière que (so dass)
jusqu'à ce que (bis)
pourvu que (vorausgesetzt, dass)

Beispiel: Nous vous passerons l'ordre pourvu que vous nous accordiez le rabais demandé.

6. Der **Konjunktiv im Hauptsatz:**
Im Hauptsatz erscheint der Konjunktiv nur in folgenden Wendungen:

Ayez la bonté... (wörtl.: Haben Sie die Güte, wollen Sie bitte...)
Soyez assuré(s)... (Seien Sie versichert...)
Veuillez nous envoyer... (Bitte schicken Sie uns...)

Infinitiv statt Konjunktiv

Der Konjunktiv ist in der gesprochenen und geschriebenen Sprache sehr gebräuchlich. **Infinitivkonstruktionen** anstelle des Konjunktivs sind erforderlich:

a) Wenn in Haupt- und Nebensatz dasselbe Subjekt erscheint.

Beispiele: Les clients désirent qu'ils reçoivent les échantillons...
oder: Les clients désirent recevoir les échantillons...
Nous sommes heureux que nous soyons en mesure de...
oder: Nous sommes heureux d'être en mesure de...

b) Wenn »il faut que« verwendet wird und ein Personalpronomen im 3. Fall ergänzt werden kann.

Beispiele: Il faut que vous soyez en mesure de... (Es ist nötig, dass Sie...)
oder: Il vous faut être en mesure de... (Sie müssen...)

Achtung: Bei einigen Wendungen besteht die Möglichkeit, den Konjunktiv zu vermeiden, indem man ein Verb hinzufügt, dem der Indikativ folgt.
Beispiel: Nous sommes heureux que vous soyez en mesure de...
Nous sommes heureux d'apprendre que vous êtes en mesure de...

Vokabeln

absolut (Adv.)	**absolument**
Bedingung, unter d.B., dass	**à condition que**
befürchten	**avoir peur que; craindre**
beginnen	**commencer**
berechnen (fakturieren)	**facturer**
jdn. besuchen	**rendre visite à qn**
bevor (Konj.)	**avant que**
bezweifeln	**douter**
bis (Konj.)	**jusqu'à ce que**
damit	**afin que, pour que**
denken (meinen)	**penser**
erforderlich sein	**il est nécessaire**
erstaunt sein	**être étonné, être surpris**
froh sein, dass	**être content que**
lieber wollen	**aimer mieux que**
Mindestmenge	**la quantité minimum**
mögen (gern)	**aimer**
Musterauswahl	**le choix d'échantillons**
nötig, es ist n.	**il est nécessaire; il faut que**
notwendig	**nécessaire**
obgleich	**bien que; quoique**
positiv (Adv.)	**favorablement**
regeln	**régler**
schade, es ist sch., dass	**il est dommage que**
scheinen	**sembler**
seemäßig (verpacken)	**mettre en emballage maritime**
so dass	**de façon que; de manière que**
Transportkosten	**les frais (m) de transport**
überrascht sein	**être surpris**
verlangen	**demander**
vervollständigen	**compléter**
vorausgesetzt dass	**pourvu que**
Vorstellung, s. eine V. machen von	**se faire une idée de**
vorziehen	**préférer**
wünschen (begehren)	**désirer**
zur Zeit	**actuellement**
Zweifel	**le doute**
zweifellos	**sans aucun doute**

Übungen

Setzen Sie die entsprechende Form des Konjunktivs ein:

1. Il faut que les marchandises nous __________ sans délai. (parvenir)
2. Nous sommes heureux que la qualité vous __________ (convenir)
3. Nous regrettons que l'envoi __________ arrivé en mauvais état. (être)
4. Je ne crois pas que le client __________ des difficultés. (avoir)
5. Il faut que la qualité __________ exactement aux échantillons. (correspondre)
6. Il est nécessaire que vous nous __________ les pièces manquantes le plus vite possible. (faire parvenir)
7. Je regrette que vous ne __________ pas accepter nos prix. (pouvoir)
8. Il faut absolument que les échantillons __________ à temps. (arriver)
9. Il est important que les instructions __________ strictement observées. (être)
10. Nous sommes prêts à vous accorder le rabais désiré pourvu que vous __________ une quantité minimum de 300 pièces. (commander)

Übersetzen Sie:

1. Wir freuen uns, dass Ihnen die Qualität der Ware zusagt.

2. Ich glaube nicht, dass die Konkurrenz diesen Artikel zu einem günstigeren Preis anbieten kann.

3. Wir können unsere Preise noch aufrechterhalten, obwohl die Preise für Rohstoffe in den letzten Wochen gestiegen sind.

4. Wir sind überrascht, dass Sie uns die Transportkosten der Sendung vom 10. d.M. berechnet haben.

5. Der Kunde bedauert, dass er die Bedingungen nicht annehmen kann.

6. Wir freuen uns, dass wir Ihre Anfrage positiv beantworten können.

7. Ich befürchte, dass Ihre Produkte nicht konkurrenzfähig sind, da Ihre Preise über denen der Konkurrenz liegen (höher sind als).

8. Sie dürfen versichert sein, dass wir unser möglichstes tun, um Sie zufriedenzustellen.

9. Es ist wichtig, dass Sie unsere Verschiffungsanweisungen genau beachten.

10. Wir bedauern sehr, dass Ihr Auftrag so schlecht ausgeführt worden ist.

11. Sie können mit größeren Aufträgen rechnen, vorausgesetzt dass Ihre Preise nicht höher sind als die der Konkurrenz.

12. Die Qualität der Ware muss (il faut) absolut der Qualität der Muster entsprechen.

13. Wir bezweifeln nicht, dass dieser Artikel einen guten Absatz finden wird.

14. Ich freue mich, dass die Ware in gutem Zustand angekommen ist.

15. Wir sind froh, dass diese Angelegenheit geregelt worden ist.

16. Es ist möglich, dass der Fabrikant zur Zeit keine Ersatzteile am Lager hat.

17. Wir senden Ihnen eine Musterauswahl, damit Sie sich eine Vorstellung von unserer Produktion machen können.

18. Ich glaube nicht, dass der Verkauf dieses Artikels schwierig ist.

19. Unsere Kunden wünschen, dass wir ihnen Kataloge in französischer Sprache schicken.

20. Wir bitten Sie um einige Prospekte, damit wir sie den Kunden, die sich für dieses Modell interessieren, unterbreiten können.

21. Es scheint, dass die betreffende (oder in Frage kommende) Firma finanzielle Schwierigkeiten hat.

22. Wir behalten die beschädigte Ware unter der Voraussetzung, dass Sie den Preis um 15% ermäßigen.

23. Wir möchten unser Lager vervollständigen, bevor die Saison beginnt.

24. Es ist schade, dass Sie uns den Auftrag nicht haben erteilen können.

25. Obgleich Ihre Bedingungen günstig sind, können wir Ihnen zur Zeit leider keinen Auftrag erteilen.

26. Es ist unbedingt erforderlich, dass die Ware seemäßig verpackt wird.

27. Bevor wir den Auftrag erteilen, möchten wir gern die genauen Lieferfristen erfahren.

28. Seien Sie versichert, dass wir unser möglichstes tun werden, damit Sie mit der Ausführung des Auftrages zufrieden sind.

29. Der Kunde wünscht, dass die Muster gezogen werden.

30. Wir sind sehr überrascht, dass die Qualität des besagten Artikels Ihren Erwartungen nicht entspricht.

22 Das Partizip Präsens

Das **Partizip Präsens** (Mittelwort der Gegenwart) wird im Deutschen gebildet, indem man an die Stammform des Präsens die Endung »end« fügt (hoffen – hoffend; fehlen – fehlend).
Das Partizip Präsens wird im Französischen gebildet mit dem Stamm der 1. Person Plural Präsens + **»...ant«**

Ausgangsform	Partizip Präsens
nous espérons	espér**ant**
nous finissons	finiss**ant**
nous venons	ven**ant**
Ausnahmen:	
être	**étant**
avoir	**ayant**

Gebrauch: Das Partizip Präsens wird vor allem als satzwertiges Partizip verwendet, d. h. Partizip + Ergänzung können einen Nebensatz oder Hauptsatz ersetzen:

1. Das Partizip Präsens (+ Ergänzung) kann einen **kausalen (begründenden) Nebensatz** ersetzen (häufigste Verwendung):

   Beispiel: Comme nous avons grand besoin de cet article nous vous prions d'envoyer...
   Ayant grand besoin de cet article nous vous prions d'envoyer...

2. Das Partizip Präsens (+ Ergänzung) kann einen **Relativsatz mit »qui« (Bezugswortsatz)** ersetzen (seltene Verwendung):

   Beispiel: Veuillez trouver ci-joint notre note de débit **qui** s'élève à € 789,34.
   Veuillez trouver ci-joint notre note de débit s'élevant à € 789,34.

3. Das Partizip Präsens (+ Ergänzung) kann einen Satz ersetzen, der die **Umstände, die einer Handlung voraufgehen oder eine Handlung begleiten,** ausdrückt. (Sehr häufig vor allem in Einleitungs- und Schlusssätzen der Handelkorrespondenz.)

   Beispiel: Nous nous référons à votre demande du 2 ct et nous vous communiquons que...
   Nous référant à votre demande du 2 ct nous vous communiquons que...

Partizipialsätze in dieser Funktion werden im Deutschen häufig durch substantivische Wendungen wiedergegeben, z. B. »unter Bezugnahme auf...«

Veränderlichkeit: Das Partizip Präsens ist als satzwertiges Partizip unveränderlich. Nur wenn es adjektivisch verwendet wird – was sehr selten der Fall ist – ist es veränderlich:

Beispiel: la commande suivante
les pièces manquantes

Beachten

1. Das satzwertige Partizip Präsens sollte nur verwendet werden, wenn das Subjekt im Hauptsatz und im Partizipialsatz dasselbe ist (das gilt nur bedingt für Relativsätze).
2. Die genaue Funktion des Partizips (siehe Beispiele 1 und 3) ist oft nur aus dem Kontext des Satzes zu bestimmen.
3. Die Partizipialkonstruktionen gelten im Allgemeinen als schwerfällig und als Zeichen der Bürokratensprache. Da aber in der Handelskorrespondenz eine starke Tendenz zur Verkürzung der Aussagen besteht, erscheinen Partizipialkonstruktionen recht häufig.

Achtung: Alle Verben auf **»...ger«** bilden das Partizip Präsens wie folgt: **changeant**

Achten Sie auf das zwischen »g« und »ant« geschobene »e«!

Vokabeln

anlaufen (Hafen)	**faire escale à**	Herkunft	**la provenance**
Ausschuss (Ware)	**le rebut**	Ihrerseits	**de votre part**
beinahe	**presque**	LKW	**le camion**
belasten jdn. mit etw.	**débiter qn de qch**	jede(r) beliebige(r)	**tout,e (ohne Artikel)**
Bestandteil sein von	**faire partie de**	oben (erwähnt)	**mentionné, e ci-dessus**
Debitnote	**la note de débit**	Preisnachlass	**la remise**
erinnern (jdn. an etw.)	**rappeler qch à qn**	Schiff	**le navire**
europäisch	**européen, ne**	übersteigen	**dépasser**
getrennt (Adv.)	**séparément**	zurückweisen	**rejeter**

Übungen

Formen Sie die Sätze um, indem Sie Partizipialkonstruktionen verwenden:

1. Comme nous avons eu beaucoup de difficultés à vendre cet article, nous nous sommes décidés à ne plus le commander.

2. Nous nous référons à l'offre mentionnée ci-dessus et nous vous passons la commande suivante ....

3. Pour tout ordre qui dépasse les 2.000 pièces, nous accordons une remise de 2%.

4. Les marchandises seront transbordées à Bordeaux, parce que le navire ne peut pas faire escale à Marseille.

5. Comme notre client n'est pas à même d'accepter ces conditions, il s'est adressé à une autre maison.

6. Tout lot qui fait partie d'une livraison partielle, doit être assuré séparément.

7. Nous acceptons les conditions de votre offre du 8 ct. et nous vous prions de nous fournir les articles suivants.

8. Comme l'article est d'une qualité inférieure, il ne se vend pas bien.

9. Nous ne pouvons pas accepter votre offre, parce que vos prix sont trop élevés.

10. Tout envoi qui contient plus de 10% de rebut sera rejeté.

11. Nous nous référons à la visite de votre représentant et nous vous informons que nous acceptons vos conditions.

12. Vous serez débités de la somme d'achat de tout article qui ne correspond pas à l'échantillon.

13. Comme nos stocks sont presque épuisés, nous vous prions de nous livrer la marchandise commandée aussi vite que possible.

14. Comme le taux du fret a augmenté considérablement, nous vous proposons le transport par camion.

15. Toute machine qui est de provenance européenne, doit être accompagnée d'un certificat d'origine.

16. Comme nous sommes sans réponse de votre part, nous nous permettons de vous rappeler que nous avons grand besoin de la marchandise.

23 Das Gerundium

Das **Gerundium** ist im Französischen eine Verbform, die keine direkte Entsprechung im Deutschen hat. Vereinfacht dargestellt, besteht das Gerundium aus der Präposition »**en**« + Partizip Präsens.

en + Partizip Präsens

en examinant
en choisissant
en venant

Verneinung:
en ne pas examinant

Gebrauch:

1. Das Gerundium drückt aus, **wie oder wodurch etwas geschieht** (Angabe der Art und Weise oder des Mittels, was im Deutschen durch »indem« oder »dadurch dass« ausgedrückt wird)

   Beispiel: Nous avons seulement pu vendre cet article en réduisant son prix.
   (Wir haben diesen Artikel nur verkaufen können, indem wir seinen Preis herabsetzten.)

2. Das Gerundium drückt aus, dass **zwei Handlungen gleichzeitg** verlaufen:

   Beispiel: En examinant les caisses nous avons dû constater que...
   (Als wir die Kisten prüften, haben wir feststellen müssen, dass...,
   oder üblicher: Bei Überprüfung der Kisten...)

3. Das Gerundium drückt **eine Bedingung** aus (es kann einen Bedingungssatz ersetzen):

   Beispiel: En vérifiant la facture vous constaterez certainement que...
   (Wenn Sie die Rechnung überprüfen, werden Sie sicher feststellen, dass...

Beachten Sie:

1. Das Gerundium kann nur verwendet werden, wenn Gerundiumkonstruktion und Hauptsatz dasselbe Subjekt haben.
2. Das Gerundium ist unveränderlich.
3. Die genaue Bedeutung des Gerundiums lässt sich oft nur durch den Kontext bestimmen.
4. Das Gerundium kann unabhängig von der Zeit des Verbs im Hauptsatz verwendet werden.
5. Das Gerundium ist – im Gegensatz zur Partizipialkonstruktion – auch in der gesprochenen Sprache üblich.

Vokabeln

anstatt zu tun	**au lieu de faire**
auf Basis	**sur (la) base**
berücksichtigen	**tenir compte de**
bestehen auf	**insister sur**
Bestimmungen, die geltenden B.	**les dispositions en vigueur**
Brüssel	**Bruxelles**
(ein)sparen	**économiser**
jdn. ermächtigen etw. zu tun	**autoriser qn à faire qch**
Fehler	**l'erreur (f)**
Gefahrgut	**la marchandise dangereuse**
Gesamtwert	**la valeur totale**
Gewinn	**le profit**
imaginär	**imaginaire**
lassen (veranlassen)	**faire (+ Inf.)**
Lieferverzug	**le retard dans la livraison**
machen	**faire**
regeln	**régler**
Sauerstoffflasche	**la bouteille d'oxygène**
Stocklotmuster	**l'échantillon prélevé d'un lot déterminé**
überprüfen	**vérifier**
überwinden (Schwierigkeiten)	**surmonter**
unwiderruflich	**irrévocable**
verhandeln	**négocier**
verlängern	**prolonger**
verzichten auf	**renoncer à**
Vorauszahlung	**le paiement anticipé**
Wechsel	**la traite**
Wille	**la volonté**
Zweigstelle	**la succursale**

Übersetzen Sie:

1. Beim Prüfen der Rechnung haben wir festgestellt, dass Sie einen Fehler gemacht haben.

2. Indem wir uns auf Ihren Brief vom 28. des vergangenen Monats beziehen, teilen wir Ihnen heute mit, dass Sie die gewünschten Einzelheiten in den nächsten Tagen per E-Mail erhalten.

3. Sie könnten 10% vom Angebotspreis sparen, wenn Sie die besagte Ware bei unserer Zweigstelle in Brüssel bestellten.

4. Sie könnten uns helfen, die gegenwärtigen Schwierigkeiten zu überwinden, indem Sie uns günstigere Zahlungsbedingungen einräumen.

5. Beim Versichern der cif-verkauften Ware müssen Sie den imaginären Gewinn berücksichtigen.

6. Wir sind überzeugt, dass diese Angelegenheit nur geregelt werden kann, indem wir Sie ermächtigen, mit dem Kunden zu verhandeln.

7. Sie könnten Schwierigkeiten vermeiden, wenn Sie sofort nach Einlagerung der Partie Muster ziehen ließen.

8. Der Lieferant hat einen Lieferverzug nur vermeiden können, indem er die Ware per LKW versandt hat, anstatt sie – wie vereinbart – per Schiff via Beirut zu versenden.

9. Bei der Verzollung der Ware müssen Sie die Einkaufsrechnung vorlegen.

10. Sie könnten 10% der Frachtrate einsparen, wenn Sie die Ware in Rotterdam nicht umladen ließen.

11. Unser Vertreter hat Herrn Dubois veranlassen können, uns einen Auftrag zu erteilen, indem er ihm versprochen hat, dass die Ware in zwei Wochen geliefert werden kann.

12. Bei der Eröffnung des Akkreditivs müssen Sie beachten, dass es unwiderruflich ist.

13. Wir sind bereit, Ihnen unseren guten Willen zu zeigen, indem wir Ihnen einen Ausnahmerabatt von 5% gewähren.

14. Sie könnten 2% der Transportkosten einsparen, wenn Sie auf eine seemäßige Verpackung verzichteten.

15. Sie würden sicherlich Schwierigkeiten mit Ihren Kunden vermeiden, wenn Sie auf Basis eines Stocklotmusters kauften.

16. Beim Verladen von Gefahrgut müssen die geltenden Bestimmungen strengstens eingehalten werden.

17. Sie könnten uns helfen, Schwierigkeiten zu vermeiden, wenn Sie uns sofort nach Verladung die Nummer des Konnossementes wissen ließen.

18. Wir haben uns entschlossen, Ihnen zu helfen, indem wir den Wechsel um 21 Tage verlängern.

19. Sie könnten Schwierigkeiten vermeiden, wenn Sie in diesem Fall auf Vorauszahlung bestehen.

20. Wir haben jede Beschädigung der Waren vermeiden wollen, indem wir stärkere Kisten genommen haben.

Anmerkungen zu den Kapiteln 1 bis 23

Anmerkung 1

Im Französischen gilt das »h« am Anfang eines Wortes teils als Konsonant, teils als Vokal. Gilt es als Konsonant, so tritt bei den davorstehenden Artikeln und Pronomina keine Elision ein:

Beispiele:	le hangar	(der Schuppen)	je hausse	ich erhöhe
	la hausse	(die Hausse)	la foire de Hannovre	(die Hannover-Messe)
	hausser	(erhöhen)		

Gilt das »h« als Vokal, so tritt bei den davorstehenden Artikeln und Pronomina die Elision ein:

l'heure (f)	(die Stunde)	honorer une traite	(einen Wechsel honorieren)
l'hiver (m)	(der Winter)		
l'hôtel (m)	(das Hotel)	j'honore une traite	(ich honoriere einen Wechsel)

Anmerkung 2

1. Das Präsens von »choisir« (wählen):

je choisis	nous choisi**ss**ons
tu choisis	vous choisi**ss**ez
elle/il choisit	elles/ils choisi**ss**ent

so auch »finir« (beenden), »établir« (festsetzen)

Das Präsens von »partir« (fortgehen, -fahren):

je pars	nous partons
tu pars	vous partez
elle/il part	elles/ils partent

so auch »sortir« (hinausgehen); »servir« (dienen)

2. Die Konjugation der Verben auf »oir« ersehen Sie aus der Liste der wichtigsten unregelmäßigen Verben.

Anmerkung 3

Bei der Verneinung des Infinitivs werden beide Teile des Verneinungsadverbs vor den Infinitiv gestellt:

Ne pas culbuter! (Nicht kippen!)

Anmerkung 4

Das neutrale Relativpronomen »was« hat im Französischen folgende Formen:

1. Fall: Nous savons **ce qui** pourrait intéresser vos clients.
(Wir wissen, was Ihre Kunden interessieren könnte.) (was = 1. Fall)

4. Fall: Je ne sais pas **ce que** M. Dubois a voulu me dire.
(Ich weiß nicht, was Herr Dubois mir hat sagen wollen.) (was = 4. Fall)

Anmerkung 5

Das Futur II (die vollendete Zukunft) wird wie folgt gebildet: Futur des Hilfsverbes + Partizip

j'aurai	exécuté	(ich werde ausgeführt haben)
tu auras	exécuté	(du wirst ausgeführt haben)
elle/il aura	exécuté	(er wird ausgeführt haben)
nous aurons	exécuté	(wir werden ausgeführt haben)
vous aurez	exécuté	(Sie werden ausgeführt haben)
elles/ils auront	exécuté	(sie werden ausgeführt haben)

je serai	arrivé	(ich werde angekommen sein)
tu seras	arrivé	(du wirst angekommen sein)
elle/il sera	arrivé	(er wird angekommen sein)
nous serons	arrivés	(wir werden angekommen sein)
vous serez	arrivé(s)	(Sie werden angekommen sein)
elles/ils seront	arrivés	(sie werden angekommen sein)

Anmerkung 6

Im Gegensatz zu »Wir haben **keine** Kunden« – »Nous **n'**avons **pas de** clients« wird »Das **ist kein** Wein« immer wie folgt übersetzt: »Ce **n'**est **pas du** vin«.

Der **volle Teilungsartikel** ist erforderlich, wenn »être« verneint ist.

Anmerkung 7

Die Pronominaladverbien »en« und »y«

»**en**« kann ersetzen

1. **eine Ortsangabe mit »de«**
   Notre représentant vient **de Lyon.**
   Notre représentant **en** vient.
2. **ein Präpositionalgefüge (Verb + »de« + Subst.)**
   Je vous remercie **de votre lettre.**
   Je vous **en** remercie.
   Nous sommes contents **de cette qualité.**
   Nous **en** sommes contents.
3. **ein Substantiv, vor dem eine Mengenangabe steht.**
   Nous vous soumettons **plusieurs offres.**
   Nous vous **en** soumettons **plusieurs.**

   Verneinung: Il n'**en** vient pas.
   Nous n'**en** avons pas été contents.

»**y**« kann ersetzen

1. **eine Ortsangabe vor allem mit »à, en, sur, dans«**
   Les marchandises sont arrivées **à Beyrouth.**
   Les marchandises **y** sont arrivées.
2. **ein Präpositionalgefüge (Verb + »à, en, sur, dans« + Subst.)**
   Nous sommes spécialisés **dans cette branche.**
   Nous **y** sommes spécialisés.

   Nous nous intéressons **à cet article.**
   Nous nous **y** intéressons.

   Verneinung: Elles n'**y** sont pas arrivées.
   Nous ne nous **y** intéressons pas.

Achtung: Auf Personen bezogen gilt:
Nous coopérons avec M. Dubois.
Nous coopérons avec **lui.**
Nous coopérons avec ces fabricants.
Nous coopérons avec **eux.**

»**lui**« und »**eux**« sind **betonte Personalpronomina.** Die Formen des betonten Personalpronomens lauten:

moi	**nous**
toi	**vous**
lui	**eux**
elle	**elles**

24 Tabellen

Die Zahlen

Die Grundzahlen:

0	zéro	20	vingt	100	cent		
1	un	21	vingt et un	101	cent un		
2	deux	22	vingt-deux	110	cent dix		
3	trois		usw.	170	cent soixante-dix		
4	quatre	30	trente	198	cent quatre-vingt-dix-huit		
5	cinq	31	trente et un	200	deux cents		
6	six	32	trente-deux	220	deux cent vingt		
7	sept		usw.	1000	mille		
8	huit	40	quarante	1001	mille un		
9	neuf	41	quarante et un	2000	deux mille		
10	dix	50	cinquante	3210	trois mille deux cent dix		
11	onze	51	cinquante et un	1.000.000	un million		
12	douze	60	soixante				
13	treize	61	soixante et un				
14	quatorze	70	soixante-dix				
15	quinze	71	soixante et onze				
16	seize	76	soixante-seize				
17	dix-sept	80	quatre-vingts				
18	dix-huit	81	quatre-vingt-un				
19	dix-neuf	87	quatre-vingt-sept				
		90	quatre-vingt-dix				
		91	quatre-vingt-onze				
		99	quatre-vingt-dix-neuf				

Die Ordnungszahlen:

der erste	le premier (1er)
die erste	la première (1re)
der, die zweite	le, la deuxième (2e)
der, die dritte	le, la troisième (3e)
der, die elfte	le, la onzième (11e)

Die Jahreszeiten

Frühling	le printemps
im Frühling	au printemps
Sommer	l'été (m)
im Sommer	en été
Herbst	l'automne (m)
im Herbst	en automne
Winter	l'hiver (m)
im Winter	en hiver

Die Wochentage

Montag	lundi
Dienstag	mardi
Mittwoch	mercredi
Donnerstag	jeudi
Freitag	vendredi
Sonnabend	samedi
Sonntag	dimanche
am Montag	lundi (letzten oder kommenden Montag)
montags	le lundi (regelmäßige Wiederholung)
nächste Woche	la semaine prochaine
letzte, vorige Woche	la semaine dernière
in drei Wochen	en trois semaines (binnen) dans trois semaines (heute in drei W.)

Die Monate

Januar	janvier
Februar	février
März	mars
April	avril
Mai	mai
Juni	juin
Juli	juillet
August	août
September	septembre
Oktober	octobre
November	novembre
Dezember	décembre
im Januar	en janvier; au mois de janvier
Anfang Januar	début janvier
Ende Januar	fin janvier

nächsten Monat etc. s. Wochentage

Der Tagesablauf

der Morgen	le matin
morgens	le matin
mittags	à midi, le midi
der Nachmittag	l'après-midi
nachmittags	l'après-midi
der Abend	le soir
abends	le soir
die Nacht	la nuit, de nuit
nachts	la nuit
heute Morgen	ce matin
heute Nachmittag	cet après-midi
heute Abend	ce soir

Das Datum

In der Datumsangabe werden im Französischen die Grundzahlen verwendet (Ausnahme: der erste Tag im Monat!).
Die Monatsnamen werden klein geschrieben.
Monatsnamen sollten stets ausgeschrieben werden.

Hamburg, den 1. Juni 2...	**Hambourg, le 1^{er}juin 2...**
Hamburg, den 2. Juni 2...	**Hambourg, le 2 juin 2...**
Hamburg, den 31. Mai 2...	**Hambourg, le 31 mai 2...**

Ländernamen

Diese Übersicht umfasst die wichtigsten Ländernamen und die dazugehörigen Adjektive mit besonderer Berücksichtigung der französisch sprechenden Staaten.

Die Ländernamen müssen im Französischen immer mit dem bestimmten Artikel verwendet werden:

Frankreich	**la** France
In/nach Frankreich	**en** France (weil »France« weiblich ist)
In/nach Kanada	**au** Canada (weil »Canada« männlich ist)
In/nach den USA	**aux** Etats-Unis (weil »Etats-Unis« nur im Plural verwendet wird)

Afrika	l'Afrique (f), africain, e
Ägypten	l'Egypte (f), égyptien, ne
Algerien	l'Algérie (f), algérien, ne
Amerika	l'Amérique (f), américain, e
(Nordamerika)	l'Amérique du Nord, nord-américain, e
Arabien	l'Arabie (f), arabe
Argentinien	l'Argentine (f), argentin, e
Asien	l'Asie (f), asiatique
Australien	l'Australie (f), australien, en
Belgien	la Belgique, belge
Benin	le Bénin
Brasilien	le Brésil, brésilien, ne
Bulgarien	la Bulgarie, bulgare
Chile	le Chili, chilien, ne
China	la Chine, chinois, e
Dänemark	le Danemark, danois, e
Deutschland	l'Allemagne (f), allemand, e,
Bundesrepublik	la République fédérale d'Allemagne (RFA)
England	l'Angleterre (f), anglais, e
Estland	l'Estonie (f), estonien, ne
Europa	l'Europe (f), européen, ne
Finnland	la Finlande, finlandais, e
Frankreich	la France, français, e
Ghana	le Ghana, ghanéen, ne
Griechenland	la Grèce, grec, grecque
Großbritannien	la Grande-Bretagne, britannique
Guinea	la Guinée, guinéen, ne
Holland	la Hollande, hollandais, e
Indien	les Indes (f), indien, ne
Indonesien	l'Indonésie (f), indonésien, ne
Iran	l'Iran (m), iranien, ne; en Iran
Irak	l'Iraq (m), iraquien, ne; en Iraq
Irland	l'Irlande (f), irlandais, e
Israel	Israël (m), israélien, ne; en Israël
Italien	l'Italie (f), italien, ne
Japan	le Japon, japonais, e
Jordanien	la Jordanie, jordanien, ne
Kambodscha	le Cambodge, cambodgien, ne
Kamerun	le Cameroun, camerounais, e
Kanada	le Canada, canadien, ne
Kroatien	la Croatie, croate
Laos	le Laos, laotien, ne
Lettland	la Lettonie, leton, ne
Libanon	le Liban, libanais, e
Libyen	la Libye, libyque, libyen, ne
Litauen	la Lituanie, lituanien, ne
Luxemburg	le Luxembourg, luxembourgeois, e
Madagaskar	Madagascar, malgache
Malaysia	la Malaisie, malais, e
Marokko	le Maroc, marocain, e
Mexiko	le Mexique, mexicain, e
Neuseeland	la Nouvelle-Zélande, néo-zélandais, e
Niederlande	les Pays Bas, néerlandais, e
Nigeria	le Nigéria, nigérien, ne
Norwegen	la Norvège, norvégien, ne
Österreich	l'Autriche (f), autrichien, ne
Pakistan	le Pakistan, pakistanais, e
Paraguay	le Paraguay, paraguayen, ne
Peru	le Pérou, péruvien, ne
Philippinen	les Philippines (f), philippin, e
Polen	la Pologne, polonais, e
Portugal	le Portugal, portugais, e
Rumänien	la Roumanie, roumain, e
Russland	la Russie, russe
Schottland	l'Écosse (f), écossais, e
Schweden	la Suède, suédois, e
Schweiz	la Suisse, suisse
Senegal	le Sénégal, sénégalais, e
Slowakei	la Slovaquie, slovaque
Slowenien	la Slovénie, slovène
Spanien	l'Espagne (f), espagnol, e
Sudan	le Soudan, soudanais, e
Syrien	la Syrie, syrien, ne
Tschechien	République Tchéque, tchèque
Thailand	la Thailande, thailandais, e
Tunesien	la Tunisie, tunisien, ne
Türkei	la Turquie, turc, turque
Ungarn	la Hongrie, hongrois, e
Uruguay	l'Uruguay (m), uruguayen, ne; en Uruguay
Venezuela	le Vénézuéla, vénézuélien, ne
Vereinigte Staaten	les Etats-Unis
Vietnam	le Viet-Nam, vietnamien, ne
Zaire	le Zaire, Zairien, ne

Liste der unregelmäßigen Verben

Infinitiv	Präsens	Futur	Perfekt	Konjunktiv
aller (gehen, fahren)	je vais elle/il va nous allons elles/ils vont	j'irai	je suis allé	que j'aille que nous allions qu'elles/qu'ils aillent
apprendre (erfahren)	s. prendre			
avoir (haben)	j'ai tu as elle/il a nous avons vous avez elles/ils ont	j'aurai	j'ai eu	que j'aie qu'elle/qu'il ait que nous ayons qu'elles/qu'ils aient
comprendre (verstehen, umfassen)	s. prendre			
connaître (kennen)	je connais nous connaissons elles/ils connaissent	je connaîtrai	j'ai connu	que je connaisse que nous connaissions
consentir (zustimmen)	s. sentir			
contenir (enthalten)	s. tenir			
convenir (zusagen)	s. venir			
couvrir (decken)	je couvre	je couvrirai	j'ai couvert	que je couvre
craindre (befürchten)	je crains tu crains elle/il craint nous craignons vous craignez elles/ils craignent	je craindrai	j'ai craint	que je craigne que nous craignions
croire (glauben)	je crois nous croyons elles/ils croient	je croirai	j'ai cru	que je croie que nous croyions
devenir (werden)	s. venir			
devoir (sollen, müssen)	je dois nous devons elles/ils doivent	je devrai	j'ai dû	que je doive que nous devions qu'elles/qu'ils doivent
dire (sagen)	je dis vous dites elles/ils disent	je dirai	j'ai dit	que je dise que nous disions
écrire (schreiben)	j'écris nous écrivons elles/ils écrivent	j'écrirai	j'ai écrit	que j'écrive que nous écrivions
envoyer (schicken)	j'envoie nous envoyons elles/ils envoient	j'enverrai	j'ai envoyé	que j'envoie que nous envoyions
être (sein)	je suis tu es elle/il est nous sommes vous êtes elles/ils sont	je serai	j'ai été	que je sois que nous soyons qu'elles/qu'ils soient
faire (tun, machen)	je fais vous faites elles/ils font	je ferai	j'ai fait	que je fasse que nous fassions

introduire (einführen)	j'introduis nous introduisons	j'introduirai	j'ai introduit	que j'introduise que nous introduisions
joindre (beifügen)	je joins nous joignons elles/ils joignent	je joindrai	j'ai joint	que je joigne que nous joignions
lire (lesen)	je lis nous lisons elles/ils lisent	je lirai	j'ai lu	que je lise que nous lisions
maintenir (aufrechterhalten)	s. tenir			
mettre (legen, stellen)	je mets nous mettons elles/ils mettent	je mettrai	j'ai mis	que je mette que nous mettions
obtenir (erhalten)	s. tenir			
offrir (anbieten)	j'offre	j'offrirai	j'ai offert	que j'offre que nous offrions
ouvrir (öffnen)	s. couvrir			
partir (wegfahren, weggehen)	je pars nous partons elles/ils partent	je partirai	je suis parti	que je parte que nous partions
permettre (erlauben)	s. mettre			
se plaindre (beschweren)	s. craindre		je me suis plaint	
pouvoir (können)	je peux nous pouvons elles/ils peuvent	je pourrai	j'ai pu	que je puisse que nous puissions
prendre (nehmen)	je prends nous prenons elles/ils prennent	je prendrai	j'ai pris	que je prenne que nous prenions qu'elles/qu'ils prennent
prévoir (voraussehen)	s. voir			
produire (herstellen)	je produis nous produisons elles/ils produisent	je produirai	j'ai produit	que je produise que nous produisions
promettre (versprechen)	s. mettre			
recevoir (erhalten)	je reçois nous recevons elles/ils reçoivent	je recevrai	j'ai reçu	que je reçoive que nous recevions qu'elles/qu'ils reçoivent
réduire (ermäßigen)	je réduis nous réduisons elles/ils réduisent	je réduirai	j'ai réduit	que je réduise que nous réduisions
remettre (aushändigen)	s. mettre			
reprendre (zurücknehmen)	s. prendre			
savoir (wissen)	je sais nous savons elles/ils savent	je saurai	j'ai su	que je sache que nous sachions
sentir (fühlen)	je sens nous sentons elles/ils sentent	je sentirai	j'ai senti	que je sente que nous sentions
servir (dienen)	je sers nous servons elles/ils servent	je servirai	j'ai servi	que je serve que nous servions
sortir (hinausgehen)	s. partir			

soumettre (unterbreiten)	s. mettre			
soutenir (standhalten)	s. tenir			
suivre (folgen)	je suis nous suivons elles/ils suivent	je suivrai	j'ai suivi	que je suive que nous suivions
tenir (halten)	je tiens nous tenons elles/ils tiennent	je tiendrai	j'ai tenu	que je tienne que nous tenions qu'elles/qu'ils tiennent
venir (kommen)	je viens nous venons elles/ils viennent	je viendrai	je suis venu **aber** elles/ils ont convenu	que je vienne que nous venions qu'elles/qu'ils viennent
voir (sehen)	je vois nous voyons elles/ils voient	je verrai	j'ai vu	que je voie que nous voyions qu'elles/qu'ils voient
vouloir (wollen)	je veux nous voulons elles/ils veulent	je voudrai	j'ai voulu	que je veuille que nous voulions qu'elles/qu'ils veuillent

Das Verb und seine Ergänzungen

Erfahrungsgemäß sind es die Ergänzungen bei Verben (Anschluss des Objekts, Anschluss des Infinitivs), die immer wieder zu Schwierigkeiten führen. Da in der Regel das Verb bekannt ist, aber Zweifel in Hinblick auf den Anschluss vorhanden sind, werden im Folgenden die französischen Wendungen zuerst genannt.

accepter de faire qch	akzeptieren, etw zu tun
accepter qch	einverstanden sein mit etw; etw annehmen
s'adresser à qn	s. an jdn wenden
aider qn à faire qch	jdm helfen, etw zu tun
aimer faire qch	gerne etw tun, mögen
aller faire qch	Umschreibung für die Zukunft
apprendre par	erfahren; entnehmen aus
autoriser qn à faire qch	jdn bevollmächtigen, etw zu tun
avoir à faire qch	etw tun müssen
avoir besoin de qch	etw benötigen, brauchen
avoir des difficultés à faire qch	Schwierigkeiten haben, etw zu tun
avoir l'intention de faire qch	beabsichtigen, etw zu tun
commencer à (de) faire qch	beginnen, etw zu tun
comparer à	vergleichen mit
compter faire qch	vorhaben, etw zu tun
compter parmi	zählen zu (den größten Firmen)
compter sur qch	rechnen mit (z. B. Auftrag)
conseiller à qn de faire qch	jdm raten, etw zu tun
consentir à qch (à faire qch)	einwilligen in, etw (etw zu tun)
continuer à (de) faire qch	fortfahren, etw zu tun
convenir à qn	jdm zusagen
correspondre à qch	einer Sache entsprechen
courir un risque	ein Risiko eingehen
créditer qn de qch	jdm etw gutschreiben
débiter qn de qch	jdn mit etw belasten (eine Summe)
se décider à faire qch	s. entschließen, etw zu tun
décider de faire qch	beschließen, etw zu tun
demander à qn de faire qch	jdn bitten, etw zu tun
demander qch à qn	jdn um etw bitten
désirer faire	wünschen zu tun
devoir qch à qn	jdm etw schulden, verdanken
devoir faire qch	etw tun müssen
dire à qn de faire qch	jdm sagen, auftragen, etw zu tun
disposer de qch	über etw verfügen
s'efforcer de faire qch	s. bemühen, etw zu tun
s'élever à	sich belaufen auf
embarquer pour	verladen nach
s'empresser de faire qch	s. beeilen, etw zu tun
s'engager à faire qch	s. verpflichten, etw zu tun
s'entendre pour	s. verstehen für
entrer en relations d'affaires	in Geschäftsbeziehungen treten mit
espérer faire qch	hoffen, etw zu tun
essayer de faire qch	versuchen, etw zu tun
être d'accord avec qn	mit jdm übereinstimmen, einer Meinung sein
être d'accord pour faire qch	einverstanden sein, etw zu tun
être d'accord sur qch	einverstanden mit etw
être d'avis	der Meinung sein
être capable de faire qch	fähig sein, in der Lage sein, etw zu tun
être conforme à qch	einer Sache entsprechen
être content de qch	mit etw zufrieden sein
être décidé à faire qch	entschlossen sein, etw zu tun
être disposé à faire qch	bereit sein, etw zu tun
être difficile de faire qch /à faire qch	schwierig sein, etw zu tun
il est difficile de vendre cet article	
aber: cet article est difficile à vendre	
être heureux de qch	erfreut sein über etw
être heureux de faire qch	erfreut sein, etw zu tun
être à même de faire qch	in der Lage sein, etw zu tun
être en mesure de faire qch	in der Lage sein, etw zu tun
être en train de faire qch	gerade etw tun
être obligé à qn de faire qch	jdm verbunden sein, etw zu tun
être prêt à faire qch	bereit sein, etw zu tun
être reconnaissant à qn de qch	jdm dankbar sein für etw
être reconnaissant à qn de faire qch	jdm dankbar sein, etw zu tun
être redevable à qn de qch	jdm etw verdanken
être satisfait de qch	zufrieden sein mit etw
être spécialisé dans qch	in etw spezialisiert sein
être surpris de qch	über etwas erstaunt sein
éviter de faire qch	vermeiden, etw zu tun
s'excuser de qch	sich für etw entschuldigen
faire de son mieux	sein Bestes tun
faire faire qch	veranlassen, etw zu tun
se faire par	erfolgen
faire parvenir qch à qn	jdm etw zukommen lassen
faire savoir qch à qn	jdn etw wissen lassen
il faut faire qch	man muss, es ist nötig, etw zu tun
inciter qn à faire qch	jdn veranlassen, etw zu tun
s'informer de qch	s. über etwas informieren
insister sur qch	auf etw bestehen
intéresser qn à qch	jdn für etw interessieren
être intéressé par qch	interessiert sein an etw
s'intéresser à qch	s. für etw interessieren
joindre qch à qch	etw einer Sache beifügen (z. B. einem Brief einen Auftrag)
laisser qn faire qch	jdn etw tun lassen (erlauben)
s'occuper de qch	s. mit etw befassen
oublier de faire qch	vergessen, etw zu tun
parler à qn (avec qn)	mit jdm sprechen
partir pour	abreisen nach
penser faire qch	beabsichtigen, etw zu tun
se permettre de faire qch	s. erlauben, etw zu tun
se plaindre de qch	s. über etw beklagen (beschweren)
préférer faire qch	vorziehen, etw zu tun
préférer qch à qch	etw einer Sache vorziehen
prendre part à qch	an etw teilnehmen
prier qn de faire qch	jdn bitten, etw zu tun
profiter de qch	von etw profitieren (Gelegenheit wahrnehmen)
promettre à qn de faire qch	jdm versprechen, etw zu tun
proposer à qn de faire qch	jdm vorschlagen, etw zu tun
pouvoir faire qch	etw tun können

rappeler qch à qn	jdn an etw erinnern	risquer de faire qch	Gefahr laufen, etw zu tun
recommander à qn de faire qch	jdm empfehlen, etw zu tun	satisfaire qn	jdn zufriedenstellen
		servir à qch	zu etw dienen
se référer à qch	s. auch etw beziehen	souhaiter qch à qn	jdm etw wünschen
regretter qch	etw bedauern	soumettre qch à qn	jdm etw unterbreiten
regretter de faire qch	bedauern, etw zu tun	soutenir la concurrence	d. Konkurrenz standhalten
remercier qn de (pour) qch	jdm für etw danken	se souvenir de qch	s. an etw erinnern
répondre à qch	etw beantworten	téléphoner à qn	mit jdm telefonieren
rendre visite à qn	jdn besuchen	tenir compte de qch	etw berücksichtigen
se rendre à	sich begeben nach	il vaut mieux faire qch	es ist besser, etw zu tun
se rendre compte de qch	sich einer Sache bewusst sein	venir de faire qch	soeben etw getan haben
réussir à faire	gelingen zu tun	vérifier qch	etw (über)prüfen
j'ai réussi à faire	es ist mir gelungen zu tun	vouloir faire qch	etw tun wollen

Tabelle der gebräuchlichsten Konjunktionen

aber	mais
als	quand, lorsque
also (folglich)	donc, par conséquent
angenommen, dass	supposé que + Konj.
anstatt zu (dass)	au lieu de + Inf.
das bedeutet, dass	cela signifie que
das heißt	c'est-à-dire
zum Beispiel	par exemple
bevor	avant que + Konj.
bis	jusqu'à ce que + Konj.
da	(zu Beginn des Satzgefüges) comme, étant donné que, puisque, (im Satzgefüge) parce que, puisque
dadurch dass	en + Gerundium
daher	c'est pourquoi, pour cette raison
damit	afin que + Konj., pour que + Konj.
dass	que
denn	car, parce que
dennoch	cependant, pourtant
deshalb	pour cette raison
deswegen	c'est pourquoi
entweder...oder	ou...ou, soit...soit
falls	si
indem	en + Gerundium
infolgedessen	par conséquent
jedoch	cependant
nachdem	après avoir + 2. Partizip; après que
nicht nur...sondern auch	non seulement...mais encore
ob	si
obwohl	bien que + Konj., quoique + Konj.
oder	ou
ohne dass	sans que + Konj.
ohne zu	sans + Inf.
seitdem	depuis que
sodass	de façon que + Konj., de manière que + Konj., de sorte que
sobald	dès que
sondern	mais
sowie	ainsi que
sowohl...als auch	non seulement...mais encore, et...et
trotzdem	pourtant, tout de même
um zu	pour + Inf.
und	et
unter der Bedingung, dass	à condition que + Konj.
vorausgesetzt, dass	pourvu que + Konj.
während	(zeitlich) pendant que; (gegensätzlich) tandis que
weil	s. da
wenn	(bedingend) si; (immer wenn) quand
wie	comme (comme vous nous avez informés) comment (Art u. Weise: Il nous informe comment la machine fonctionne)
zwar...aber	il est vrai

Tabelle wichtiger Präpositionen

(Siehe auch Tabelle »Das Verb und seine Ergänzung«)

ab	(zeitl.) à partir de; (örtl.) ab Werk, Lager – départ usine, ex magasin
abzüglich (Kosten)	déduction faite de
als	(in der Eigenschaft von) als Ihr Vertreter – comme votre représentant als Anlage – en annexe, ci-joint, ci-inclus als Eilgut – en régime accéléré als Frachtgut – en régime ordinaire als Paket – comme colis postal
am	am Anfang – au début, au commencement am 12. Mai – le 12 mai am besten – le mieux
an	Grundbedeutung à; an Ihre Adresse – à votre adresse an erster Stelle – en premier lieu
in Anbetracht	en raison de, en considération de
anlässlich	à l'occasion de
anstelle von	à la place de
auf	(örtl.) sur; auf Abruf – sur appel auf Anfrage – sur demande auf Basis von – sur base de auf französisch – en français auf unsere Kosten – à nos frais auf Lager – en stock auf dem Markt – sur/dans le marché auf diese Weise – de cette façon
aufgrund	à cause de
aus	(örtl.) aus Frankreich – de France aus Plastik, Holz – de (en) matière plastique, de (en) bois aus Erfahrung – par expérience aus diesem Grunde – pour cette raison
ausgenommen	exeption faite de, excepté
außer	sauf; außer acht lassen – ne pas tenir compte de
bei	(in der Nähe von) près de; (bei Personen und Sachen) auprès de; (bei Personen) chez; bei Abnahme – si vous achetez (s. auch Gerundium) bei Ihrem letzten Besuch – lors de votre dernière visite bei Gelegenheit – à l'occasion de
bei	(im Falle von) – en cas de
betreffs	concernant, en ce qui concerne, au sujet de, relatif, ve à; im Briefkopf: Objet, Réf. (référence)
bezüglich	(s. »betreffs«)
binnen	dans le délai de; binnen kurzem – sous peu binnen 30 Tagen – dans les 30 jours (s. »in«)
bis	jusqu'à; bis Ende Juni – d'ici fin juin bis Ende des Monats – d'ici la fin du mois bis auf weiteres – jusqu'à nouvel ordre bis jetzt – jusqu'à maintenant
dank	grâce à

durch	(bei Vermittlung u. Ursache) par; (örtl.) par, en transit par; (dank) grâce à; (infolge) par suite de; durch Zufall – par hasard
entgegen	contrairement à
entsprechend	conformément à
frei	frei Haus – franco domicile frei Grenze – franco frontière
für	(Grundbedeutung) pour; (zugunsten von) en faveur de; ein Beweis für – une preuve de für Rechnung von – pour le compte de
gegen	contre; (zeitl.) vers; gegen Quittung – contre quittance
gegenüber	(Personen) envers; (im Vergleich) par rapport à; (örtl.) en face de
gemäß	selon, conformément à, suivant
gleich nach	g. n. Erhalt – dès réception de
hinsichtlich	concernant, en ce qui concerne, quant à, au sujet de
im	im Anschluss an – suite à im Auftrag von – par ordre de im besonderen – en particulier im Falle von – en cas de im Gegenteil – au contraire im (Monat) Mai – en mai, au mois de mai im übrigen – d'ailleurs im Verlauf von – au cours de im Vergleich zu – en comparaison de, comparé à
in	(örtl.) in Paris – à Paris; in Frankreich – en France; in Europa – en Europe; (zeitl.) in zehn Tagen (nach Ablauf von) – dans dix jours; in acht Tagen (innerhalb, binnen) – en huit jours, dans les huit jours; in diesen Tagen – ces jours-ci in den nächsten Tagen – dans les jours prochains in der nächsten Woche – la semaine prochaine in diesem Monat – ce mois-ci in diesem Jahr – cette année in französischer Sprache – en français in kurzer Zeit – en peu de temps in letzter Zeit – ces derniers temps in Anbetracht – en considération de in Anwesenheit von – en présence de in Ausführung von – en exécution de in Beantwortung von – en réponse à in bezug auf – en référence à (Schreiben, Telex) in Erwartung – dans l'attente de in jedem Fall – en tout cas in Kürze – sous peu in der Tat – en effet in gutem Zustand – en bon état
infolge von	par suite de
inklusive	y compris
innerhalb von	s. »in«
laut	s. »gemäß«
mit	Grundbedeutung: avec; (Begleitung, Mittel) par; mit Ausnahme von – exception faite de mit Bezug auf – en référence à mit getrennter Post – par courrier séparé mit (per) Lastwagen (Zug, Schiff) – par camion (train, navire)

nach	(örtl.) nach Paris – à Paris; nach Frankreich – en France; (zeitl.) après; nach Ablauf von – au bout de nach Erhalt – après réception de sofort nach E. – dès réception nach Überprüfung – après vérification de Anfrage nach – la demande de
nach (gemäß)	selon, d'après, suivant
neben	(örtl.) à côté de; (nebst) avec
ohne	sans; (ausgenommen) excepté; ohne Frage – sans aucun doute ohne weiteres – sans plus
per	par; per Bahn – par chemin de fer per Einschreiben – par lettre recommandée, en recommandé per Scheck – par chèque
pro	par; pro Jahr – par an
seit	depuis; seit langem – depuis longtemps seit kurzem – depuis peu
seitens	de la part de; unsererseits – de notre part
sofort	(gleich nach) dès; sofort nach Erhalt – dès réception de
statt	au lieu de; à la place de
trotz	malgré; trotz alledem – malgré tout
über	(örtl.) par, via; über Paris – via Paris ein Angebot über – une offre de ein Auftrag über – une commande de, une commande portant sur eine Auskunft über – un renseignement sur ein Scheck über – un chèque de ein Vorschlag über – une proposition de
um	(zeitl. gegen) vers; um jeden Preis – à tout prix es handelt sich um – il s'agit de
unter	(örtl.) sous; (zwischen Personen, Sachen) entre, parmi; unter anderem – entre autres (choses) unter Bezugnahme auf – en référence à unter der Leitung von – sous la direction de unter diesen Umständen – dans ces conditions unter Umständen – le cas échéant, éventuellement unter Vorbehalt – sous réserve
verglichen mit	en comparaison de, comparé à
vom	(Datum) en date du
von	(örtl.) de; (zeitl.) de, à partir de, depuis; von...ab – depuis von Anfang an – dès le début von heute an – à partir d'aujourd'hui von neuem – de nouveau von seiten – de la part de von vornherein – dès le début von Zeit zu Zeit – de temps en temps

vor	(örtl.) devant; (zeitl.) il y a (von der Situation des Sprechers aus gesehen); avant (vor einem bestimmten Zeitpunkt) vor drei Wochen – il y a trois semaines vor Ende November – avant fin novembre vor allem – avant tout vor kurzem – il y a peu de temps
vorbehaltlich	sous réserve de, sauf; vorbehaltlich Zwischenverkauf – sauf vente
was anbetrifft	en ce qui concerne, quant à, concernant
während	pendant
wegen	(Grund) à cause de; (infolge) par suite de; (betreffend) au sujet de, concernant
zu	Grundbedeutung à; zu Ihren Gunsten – en votre faveur zu Lasten von – à la charge de zu wenig – trop peu von Zeit zu Zeit – de temps en temps
zugunsten von	en faveur de
zum	zum Beispiel – par exemple zum erstenmal – pour la première fois zum Glück – heureusement
zur	zur Hälfte – à moitié zur Zeit – à présent, actuellement

Tabelle wichtiger Adverbien

(Siehe dazu auch Kapitel 16)

abermals	de nouveau, encore une fois
allerdings	(in der Tat) en effet, sans doute; (einschränkend) il est vrai que
im Allgemeinen	en général
anbei	ci-inclus, ci-joint, en annexe
anders	autrement, d'une autre manière
auch	(ebenso) de même, également
auch nicht	ne...pas non plus
augenblicklich	en ce moment, actuellement
ausdrücklich	expressément
ausführlich	en détail
ausnahmsweise	exceptionnellement
außerdem	en outre
bald	bientôt
beinahe	presque
beispielsweise	par exemple
besonders	particulièrement, spécialement
beträchtlich	considérablement, sensiblement
binnen kurzem	sous peu
bisher	jusqu'ici, jusqu'à présent
dagegen	par contre
dauernd	continuellement
dennoch	quand même, tout de même
durchaus	absolument
ebenfalls	également
eher	(früher) plus tôt
eigentlich	(im Grunde) au fond; (in Wirklichkeit) en effet, en réalité
einerseits...andererseits	d'une part...d'autre part
eingehend	(gründlich) à fond; (lange) longuement
einzig und allein	uniquement
endlich	enfin, finalement
erst	(zuerst) d'abord; (nicht eher) ne...que, seulement
ersteinmal	tout d'abord
erstens	premièrement
etwa	(ungefähr) environ, à peu près; (zum Beispiel) par exemple
etwas	un peu
fast	presque, à peu près
folglich	donc, par conséquent
fortwährend	continuellement
früher	autrefois
frühestens	au plus tôt
ganz	(verstärkend) tout; (völlig) tout à fait
gegenwärtig	à présent, actuellement
gerade	justement; g. etw getan haben venir de faire qch
geringfügig	légèrement, insensiblement, un peu
gern	volontiers
gern tun	aimer faire qch
gestern	hier
gewiss	certainement, sans aucun doute
gewöhnlich	d'habitude
gleich	(sofort) tout de suite
gleichermaßen	également, de la même manière
gleichzeitig	en même temps
gratis	gratuitement
größtenteils	pour la plupart; en majeure partie
gründlich	soigneusement
heute	aujourd'hui
heute abend	ce soir
heute morgen	ce matin
heute nachmittag	cet après-midi
hinlänglich	suffisamment
immer	toujours
immer mehr	de plus en plus
immer noch nicht	ne...toujours pas
immer weniger	de moins en moins
insbesondere	surtout, spécialement, particulièrement
insgesamt	au total, en tout
inwieweit	dans quelle mesure, jusqu'à quel point
inzwischen	entre-temps, en attendant
irrtümlicherweise	par erreur
jedenfalls	en tout cas, de toute façon
jedoch	cependant, toutefois, par contre
jetzt	maintenant, à présent
jeweils	chaque fois
kaum	à peine
keinesfalls	en aucun cas
keineswegs	en aucun cas
künftig	à l'avenir
binnen kurzem	sous peu
kurzfristig	à bref délai
kürzlich	récemment, ces derniers jours
lange	longtemps
leider	malheureusement
manchmal	parfois, quelquefois
maximal	au maximum
mehr und mehr	de plus en plus
meistens	la plupart du temps
mindestens	au moins
möglicherweise	éventuellement, peut-être, si c'est possible
wenn möglich	si possible
morgen	demain
nämlich	c'est-à-dire
natürlich	naturellement
von neuem	de nouveau
nicht nur..sondern auch	non seulement...mais aussi

niemals	ne...jamais
nirgendwo	ne...nulle part
noch	encore
nur	seulement, ne...que
offenbar	il semble que
oft	souvent
ordentlich	comme il faut
ordnungsgemäß	dûment
ordnungshalber	pour la bonne forme
persönlich	personnellement, en personne
planmäßig	comme prévu
postwendend	par retour du courrier
pünktlich	ponctuellement
recht	assez
rechtzeitig	à temps
relativ	relativement
schließlich	enfin, finalement
schon	déjà
sehr	(bei Verben) beaucoup; (bei Adj und Adv) très
seither	depuis
seit kurzem	depuis peu
seit langem	depuis longtemps
selbstverständlich	il va de soi, naturellement
selten	rarement
sicherlich	sûrement
so	(Art u. Weise) ainsi, de cette manière; (Maß) si, aussi, tellement
so schnell wie möglich	aussi vite que possible, le plus vite possible, dès que possible
sobald wie möglich	le plus tôt possible
sodann	ensuite, alors
soeben	(gerade) justement, à l'instant;
soeben etw getan haben	venir de faire qch
sofort	tout de suite, immédiatement
somit	ainsi, par conséquent
sonst	(andernfalls) autrement; (außerdem) en outre; (gewöhnlich) d'habitude
so viel	tant
so viel wie	autant que
so weit wie möglich	autant que possible
so wenig wie möglich	aussi peu que possible
sowohl...als auch	non seulement . . . mais encore
später	plus tard
spätestens	au plus tard

in der Tat	en effet
tatsächlich	en effet
trotzdem	malgré tout
überall	partout
übermorgen	après demain
wie üblich	comme d'habitude
übrigens	d'ailleurs
im Übrigen	d'ailleurs
umgehend	sans délai, par retour du courrier
unbedingt	(auf jeden Fall) en tout cas
unentgeltlich	gratuitement
ungefähr	environ
unverzüglich	sans délai, sans tarder, tout de suite
ursprünglich	initialement
vergebens	en vain
vergleichsweise	par comparaison
verhältnismäßig	relativement
viel	beaucoup
vielleicht	peut-être
vielmals	(oft) souvent; (sehr) beaucoup
vielmehr	plutôt; (im Gegenteil) au contraire
vor allem	avant tout, surtout
im Voraus	d'avance, à l'avance
voraussichtlich	probablement
vorgestern	avant hier
wahrscheinlich	probablement, certainement
bis auf weiteres	jusqu'à nouvel ordre
weiterhin	à l'avenir
wieder	de nouveau
wirklich	réellement, en effet, vraiment
von Zeit zu Zeit	de temps en temps
zur Zeit	actuellement
ziemlich	assez
zuerst	d'abord
zufällig	par hasard
in Zukunft	à l'avenir
zunächst	d'abord
zwar	(allerdings) il est vrai, en effet;
und zwar	et voici comment
zweifellos	(ohne jeden Zweifel) sans aucun doute

Vokabeln (Wörterverzeichnis)

Die Zahlen verweisen auf das Kapitel, in dem das betreffende Wort erstmalig vorkommt. Wörter ohne Kapitelangabe und mit Hinweis auf eine Tabelle haben im Französischen unterschiedliche Entsprechungen. Bitte in der betr. Tabelle nachschlagen. Die Zahlen, die Wochentage und Monate, die Wörter des Tagesablaufs sowie die Ländernamen sind in diesem Vokabelverzeichnis nur aufgenommen, sofern sie in den Lektionen vorkommen. Vollständige Übersichten siehe Tabellen in Kapitel 24.

ab	s. Tab. Präp.
aber	mais 19
abermals	de nouveau, encore une fois
abnehmen (Waren)	prendre 16
Absatz	la vente 19
guten A. finden	avoir un bon débit 21
absenden, abschicken	expédier 3
absetzen (Waren)	écouler 17
Absicht haben zu tun	avoir l'intention (f) de faire 16
absolut (Adv.)	absolument 21
Abteilung	le service 20
abzüglich (Kosten)	déduction faite de
Adresse	l'adresse, f 1
Afrika	l'Afrique, f 17
in Afrika	en Afrique
Akkreditiv	l'accréditif, m 3
alle	tous, toutes 15
Alleinvertretung	la représentation exclusive 11
allerdings	s. Tab. Adv.
alles	tout 15
im Allgemeinen	en général 19
als	s. Tab. Präp.
am	s. Tab. Präp.
an	s. Tab. Präp.
anbei	ci-inclus, ci-joint, en annexe 15
in Anbetracht	en raison de, en considération de
anbieten (zu)	offrir (à) 3
andere (r, s)	autre 16
andere Kunden	d'autres clients 17
ändern	changer 8
anders	autrement, d'une autre manière
Anfrage	la demande 1
Ihre A. nach	votre demande de (concernant)
angeben (Preise etc.)	indiquer 10
Angebot	l'offre, f 1
Angebot über	l'offre de 17
angeboten	offert, e 15
Angelegenheit	l'affaire, f 1
Anis	l'anis, m 17
ankommen	arriver 14
Ankunft	l'arrivée, f 16
Anlage	l'annexe, m 15 (la) pièce jointe
in der A.	en annexe, ci-joint, ci-inclus
anlässlich	à l'occasion de
anlaufen (Hafen)	faire escale à 22
Annahme verweigern von (Sendung, Ware)	refuser de prendre 18 livraison de
annehmbar	acceptable 6
annehmen	accepter 3
annehmen, vermuten	supposer 17
annullieren	annuler 18
Annullierung	l'annulation
anstatt zu tun	au lieu de faire 23
anstelle von	à la place de
Anstrengung	l'effort, m 19
Antwort auf	la réponse à 4
antworten auf	répondre à 4
anvertrauen, jdm etw	confier qch à qn 14
Anweisung	l'instruction, f 1
Anwesenheit	la présence 20
in A. von	en présence de 20
Anzahl (von)	le nombre (de) 18
Anzeige (i. d. Zeitung)	l'annonce, f 1
Arbeit	le travail 17
arbeiten	travailler 7
Arbitrage	l'arbitrage, m 20
Artikel	l'article, m 1
auch	aussi 20
auch (ebenso)	de même, également
auch nicht	ne... pas non plus
auf	s. Tab. Präp.
aufgeben (Preise etc)	établir, coter 20
aufgrund	à cause de 20
Aufmerksamkeit	l'attention, f 15
aufmerksam machen, jdn auf etw	attirer l'attention de qn sur qch 15
aufrechterhalten	maintenir 10
Aufstellung	le relevé 13
Auftrag	l'ordre, m 1, la commande 1
Auftragsbestätigung	la confirmation de l'ordre 12
Auftragszettel	le bon de commande 15
augenblicklich (Adv)	actuellement 13
aus	s. Tab. Präp.
ausdrücklich	expressément
Ausfertigung	l'exemplaire, m 10
in doppelter A.	en double exemplaire, m 10
in dreifacher A.	en triple exemplaire, m 10
ausführen (Auftrag)	exécuter 3
ausführlich	en détail
Ausführung (Auftrag)	l'exécution, f 8
ausgenommen	exeption faite de, excepté
ausgezeichnet	excellent, e 5
Auskunft (über)	le renseignement (sur) 17
Ausland	l'étranger, m 19
ausländisch	étranger, ère 19
im (ins) Ausland	à l'étranger 19
Ausnahmerabatt	le rabais exceptionnel 18
ausnahmsweise	exceptionnellement
ausreichend	suffisant, e 16
Ausschuß (Ware)	le rebut 22
außer	sauf
außer acht lassen	ne pas tenir compte de
außerdem	en outre
Auswahl	le choix
äußerst (Adv)	extrêmement 16
avisieren	annoncer 20
bald	bientôt 10
Bank	la banque 1
Basis, (auf B.)	sur base, f 23
beabsichtigen zu tun	avoir l'intention de faire 16
	penser faire 24

beachten	observer 3
Bedarf	le besoin 3
bedauern zu tun	regretter de faire 16
Bedauern	le regret
zu unserem lebhaften B.	à notre vif regret
bedeutend	important, e 5
Bedeutung, von gr. B. sein	être de grande importance
Bedingung	la condition 1
unter B., dass	à condition que + Konj. 21
s. beeilen zu tun	s'empresser de faire 11
beenden	finir Anm. 2
s. befassen mit	s'occuper de 11
s. befinden	se trouver 18
befolgen (Anweisungen)	observer 18
befürchten, dass	avoir peur que + Konj. 21
	craindre que + Konj. 21
beginnen (etw zu tun)	commencer 21 (à faire qch 24)
behalten	garder 13
Behörden	les autorités, f 20
bei	s. Tab. Präp.
beifügen, etw einer Sache	joindre qch à qch 24
beinahe	presque 22
beispielsweise	par exemple
bekannt	connu, e 14
belasten, jdn mit etw	débiter qn de qch 22
s. belaufen auf (Rechnung)	s'élever à 11, se monter à 24;
(Lieferzeit)	être de
d. Lieferzeit beläuft s. auf 6 Wochen	le temps de livraison est de six semaines
s. bemühen, etw. zu tun	s'efforcer de faire qch 24
benötigen	avoir besoin de 6
berechnen (fakturieren)	facturer 21
bereit sein zu tun	être prêt à faire 8
berücksichtigen	tenir compte de 23
u. Berücksichtigung von	en tenant compte de
besagt	dit, e 19
besagter Artikel	le dit article 19
beschädigen	endommager 20
Beschädigung	le dommage
s. beschäftigen mit	s'occuper de 11
beschließen, etw. zu tun	décider de faire qch
Beschwerde	la réclamation 1
s. beschweren über	se plaindre de 14
besonders	particulièrement 16, spécialement
besser (Adj.)	meilleur, e 6
es ist b., etw. zu tun	il vaut mieux faire 24
Bestandteil sein von	faire partie de 22
bestätigen Erhalt	accuser réception de 3
bestätigen (die eigene Mitteilung)	confirmer
bestehen auf	insister sur 23
bestellen	commander 14
Bestellung	la commande 1
sein Bestes tun	faire de son mieux
Bestimmungen, die	les dispositions
geltenden	en vigueur 23
Bestimmungshafen	le port de destination 16
jdn besuchen	rendre visite à qn 21
beträchtlich (Adj)	considérable 16
beträchtlich (Adv)	considérablement 16, sensiblement
betragen	s. s. belaufen auf
betreffend (Adj)	en question 17
der b. Artikel	l'article en question 17
betreffs	s. Tab. Präp.
bevollmächtigen, jdn etw zu tun	autoriser qn à faire qch 23

bevor	avant que + Konj. 21
bewusst, s. einer Sache b. sein	se rendre compte de qch 24
bezahlen	payer 3
Bezahlung	le paiement 1
s. beziehen auf	se référer à 11
bezüglich	s. Tab. Präp.
Bezugnahme, unter B. auf	en référance à 10
bezweifeln, dass	douter que + Konj. 21
billig	bon marché 16
billig kaufen	acheter bon marché 16
billig verkaufen	vendre bon marché 16
binnen	s. Tab. Präp.
binnen kurzem	sous peu
bis	s. Tab. Präp.
bis (Konjuktion)	jusqu'à ce que + Konj. 21
bisher	jusqu'à présent 19, jusqu'ici
bitte	veuillez + Inf. 9
Bitte um etw	la demande de
bitten, jdn etw zu tun	prier qn de faire qch 9
	demander à qn de faire qch 24
bitten, jdn um etw	demander qch à qn 9
bleiben	rester 8
Branche	la branche 7
brauchen, etw	avoir besoin de qch 6
Brief	la lettre 1
Brüssel	Bruxelles 23
Computer	l'ordinateur (m)
da (am Satzanfang)	comme, étant donné que 11
dagegen	par contre
damit	afin que, pour que + Konj. 21
dank	grâce à
dankbar, jdm d. sein	être reconnaissant à qn 18
danken, jdm für etw	remercier qn de (pour) qch 9
das ist	c'est 5
das heißt	c'est-á-dire
das sind	ce sont 5
dass	que 9
Datum	la date 18
dauernd	continuellement
Debitnote	la note de débit 22
decken (Bedarf, Versicherung)	couvrir 3
denken (meinen)	penser 21
dennoch	quand même, tout de même
detailliert	détaillé, e 10
deshalb	c'est pourquoi 14
deswegen	c'est pourquoi 14
dienen, zu etw d.	servir à qch 24
Dokument	le document 20
dringend brauchen	avoir grand besoin de 17
durch	s. Tab. Präp.
durchaus	absolument
ebenfalls	également
ebenso (günstig)	aussi (favorable) 15
ebenso - wie	aussi ... que 19
eher (früher)	plus tôt
eigentlich	s. Tab. Adv.
einerseits ... andererseits	d'une part ... d'autre part
einführen (auf den Markt bringen)	introduire 8
einführen (importieren)	importer 3
Einführungsrabatt	le rabais d'introduction 10
eingehend	s. Tab. Adv.

einhalten (Termine, Bedingungen)	observer 14
einige	quelques 6
einlagern	emmagasiner 15
Einlagerung	l'emmagasinage, m
einsparen	économiser 23
eintreten in (Geschäftsbeziehungen)	entrer en 14
einverstanden sein mit etw	accepter qch 19
einverstanden sein mit jdm	être d'accord avec qn 19
einwilligen in etw (etw zu tun)	consentir à qch (à faire qch) 24
Einzelheit	le détail 15
einzig und allein	uniquement
E-Mail (techn.)	le courrier électronique 6
E-Mail (Nachricht)	le message électronique 6
E-Mail-Adresse	l'adresse (f) électronique, l'adresse e-mail 12
empfangen	recevoir 14
empfehlen, jdm etw	recommander qch à qn 10
Ende	la fin 10
Ende Juli	fin juillet 10
endlich	enfin, finalement
entgegen	contrairement à
enthalten	contenir 14
entladen	décharger 20
Entladung	le déchargement 20
entnehmen (aus einem Brief etc)	apprendre par 11
Entscheidung	la décision
s. entschließen zu tun	se décider à faire 11
entschlossen sein, etw zu tun	être décidé à faire qch 24
s. entschuldigen für etw	s'excuser de qch 24
entsprechen	correspondre à 6
	être conforme à 24
Erwartungen, Vorstellungen, Wünsche	répondre à vos exigences 13
entsprechend	conformément à 16
erfahren (aus einem Brief etc.)	apprendre par 13
erfolgen durch (Zahlung und Lieferung)	se faire par 24; s'effectuer par
erforderlich sein	il est nécessaire 21
erfreut sein über etw	être heureux de qch 24
erfreut sein, etw zu tun	être heureux de faire qch 24
Erhalt	la réception 3
nach E.	après réception 16
erhalten (durch Einsatz)	obtenir 14
erhalten (ohne Einsatz)	recevoir 14
erhöhen	augmenter 8, hausser Anm. 1
Erhöhung	l'augmentation, f
erinnern, jdn an etw	rappeler qch à qn 22
s. erlauben zu tun	se permettre de faire 11
erlauben, jdm etw zu tun	permettre à qn de faire qch 10
ermächtigen, jdn etw zu tun	autoriser qn à faire qch 23
ermäßigen (um)	réduire (de) 8, baisser 3
Ermäßigung	la réduction
Ernte	la récolte 18
Ersatzteil	la pièce de rechange 14
erst (zeitlich)	seulement 20, s. auch Tab. Adv.
Erstauftrag	le premier ordre 5
erstaunt sein (über)	être surpris (de) 21
	être étonné (de) 21
ersteinmal	tout d'abord

erstens	premièrement
erster	premier,ière 5
erteilen (Auftrag)	passer 3
erwähnen	mentionner 16
erwarten	attendre 4
Erwartung (Vorstellung)	l'exigence, f 13
in Erwartung	dans l'attente, f
Erzeugnis	le produit 13
es (4.Fall)	le 20
es gibt	il y a 17
etwa	s. Tab. Adv.
etwas (Adv)	un peu 19
europäisch	européen, ne 22
Export	l'exportation, f 1
Exporteur	l'exportateur, m 1
exportieren	exporter 3
Fabrikant	le fabricant 1
fähig sein, etw zu tun	être capable de faire qch 24
fahren	aller 14
Fall	le cas 11
im F. von	en cas de 11
falls	si 18
fast	à peu près, presque
Fax	le fax 11
Fehler	l'erreur, f 23
fehlend	manquant,e 14
fest (Angebot)	ferme 10
fest (Adj)	solide 18
festsetzen (Bedingungen)	stipuler, fixer 14
feststellen	constater 14
finanziell	financier,ière 17
finden	trouver 15
Firma	la maison 1
folgen	suivre s. Tab. Verben
folgend	suivant,e 10
folglich	donc, par conséquent
fortlaufend	consécutif,ve 20
fortwährend	continuellement
Fracht	le fret 11
Frachtrate	le taux du fret 20
fraglich (Adj)	en question
die fr. Firma	la maison en question 19
französisch	français,e 17
auf französisch	en français 17
frei Grenze	franco frontière 20
Bahnhof B	franco en gare de B
Haus	franco domicile
freibleibend (Angebot)	sans engagement 11
sich freuen zu tun	être heureux de faire 9
Frist	le délai 7
fristgerecht	dans le délai convenu, fixé, 18
froh sein, dass	être content que + Konj. 21
frühestens	au plus tôt
früher	plus tôt 12
früher (ehemalig)	autrefois
fühlen	sentir s. Tab. Verben
für	pour 14, s. auch Tab. Präp.
ganz	tout, s. auch Tab. Adv.
geben	donner 3
Gefahr laufen zu tun	risquer de faire 24
Gefahrgut	la marchandise dangereuse 23
gegen	contre 15, s. auch Tab. Präp.
gegenüber	s. Tab. Präp.
Gegenvorschlag	la contre-proposition 18
gegenwärtig (Adj)	actuel,le 19

gegenwärtig (Adv)	à présent, actuellement
gehen	aller 14
gelingen zu tun	réussir à faire 24
gemäß	selon 9, conformément à 16 suivant
genau (Adj)	précis,e 19
genau (streng) (Adv)	strictement 16
genug	assez 16
genügend (+ Subst.)	assez de 17
gerade	s. Tab. Adv.
geringfügig	s. Tab. Adv.
gern	volontiers
gern tun	aimer faire
Gesamtwert	la valeur totale 23
Geschäft	l'affaire, f 1
ein gutes G. machen	faire une bonne affaire 17
ein schlechtes G. m.	faire une mauvaise affaire 17
Geschäftsbeziehung	la relation d'affaires 14
Geschäftsfreund	le correspondant 8
Gespräch	la conversation 11
gestern	hier 14
getrennt (Adv)	séparément 22
gewähren	accorder 3
Gewinn	le profit 23
gewiss (Adv)	certainement 16, sans aucun doute
gewisse(r)(+Subst)	certain,e (+Subst) 17
gewöhnlich	d'habitude
gewünscht	demandé,e; désiré,e 14
glauben	croire 14
gleich (sofort)	tout de suite 11, immédiatement 16
gleich nach	dès
gleich nach Erhalt	dès réception
gleich, der, die	le,la même 15
gleichermaßen	également, de la même manière
gleichzeitig	en même temps
gratis	gratuitement
Grenze	la frontière 20
groß	grand,e 5
groß (bedeutend)	important,e 5
größere (umfangreiche) Aufträge	des ordres importants 5
größtenteils	pour la plupart, en majeure partie
gründlich	soigneusement
Gunst	la faveur 8
zu Ihren Gunsten	en votre faveur 8
günstig	avantageux,se 5
gut (Adj)	bon,ne 5
gut (Adv)	bien 16
gutschreiben, jdm etw	créditer qn de qch 15
haben	avoir 2
Hafen	le port 2
Hälfte	la moitié 14
Hafer	l'avoine, f 17
halten	tenir, s. Tab. Verben
Handelskammer	la Chambre de Commerce 14
es handelt sich um	il s'agit de 19
Handy	le portable
Hausse	la hausse Anm. 1
helfen, jdn etw zu tun	aider qn à faire qch 23
herabsetzen	réduire, baisser 8
herstellen	fabriquer 4, produire 7

Herstellung	la fabrication, la production
hervorragend	excellent,e 5
heute	aujourd'hui 9
heute Abend	ce soir
heute Morgen	ce matin 8
heute Nachmittag	cet après-midi
heutig	d'aujourd'hui 11
hier	ici 3
hiermit	par la présente 8
hiesig	d'ici, de cette ville 14
hinlänglich	suffisamment
hinsichtlich	s. Tab. Präp.
hinweisen auf etw	indiquer qch 23
hinweisen (aufmerksam machen)auf etw	attirer l'attention sur qch 20
hoch	haut,e; élevé,e 5
hoffen, etw zu tun	espérer faire qch 15
honorieren (Wechsel)	honorer (une traite) Anm. 1
Hotel	l'hôtel Anm. 1
Ihrerseits	de votre part 22
illustriert	illustré, e 10
im	s. Tab. Präp.
imaginär	imaginaire 23
immer	toujours 14
immer mehr	de plus en plus
immer noch	toujours
immer noch nicht	ne... toujours pas
immer weniger	de moins en moins
Import	l'importation, f 1
Importeur	l'importateur, m 1
importieren	importer 3
in	à, dans, en 2 s. auch Tab. Präb.
in Frankreich	en France 2
in zwei Tagen	dans deux jours 15
infolge von	par suite de
Information über jdn	l'information (f) de qn 13
über etwas	l'information (f) sur qch 13
s. informieren über etw	s'informer de qch 24
inklusive	y compris
innerhalb	s. »in« Tab. Präp.
insbesondere	s. Tab. Adv.
insgesamt	au total, en tout
interessant	intéressant, e 5
mit Interesse	avec intérêt, m
s. interessieren für	s'intéresser à 11
interessiert sein an etw	être intéressé par qch 24
Internetadresse	l'adresse (f) Internet 1 l'adresse sur le net 1
inwieweit	s. Tab. Adv.
inzwischen	entretemps 14, en attendant
s. irren	se tromper 16
Irrtum	l'erreur, f 14
mir ist ein I. unterlaufen	j'ai fait (commis) une erreur 14
irrtümlicherweise	par erreur
Jahr	l'an, m; l'année, f 14
jede(r) beliebige(r)	tout, e (ohne Artikel) 22
jedenfalls	en tout cas, de toute façon
jedoch	cependant, toutefois, par contre
jetzt	maintenant, à présent
jeweils	chaque fois
Juli	juillet
Juni	juin 16
Kaffee	le café 16

Katalog	le catalogue 1
Kauf	l'achat, m
kaufen	acheter 3
Käufer	l'acheteur, m 1
Kaufvertrag	le contrat de vente 20
kaum	à peine
kein,e,er	ne ... pas de 17
keinesfalls	en aucun cas
keineswegs	en aucun cas
keine,r mehr	ne ... plus de 17
kennen	connaˆitre 13
kippen	culbuter Anm. 3
Kiste	la caisse 14
klein	petit,e 5
kommen	venir 10
Konkurrent	le concurrent 19
Konkurrenz	la concurrence 1
konkurrenzfähig	compétitif,ve 5
können	pouvoir 7
Konnossement	le connaissement 1
Kontakt aufnehmen mit jdm	contacter qn 12
Konto	le compte en banque 13
Kontraktabschluss	la conclusion du marché 20
kontrollieren	contrôler 16
Kopie	la copie 15
Kosten	les frais, m; les coûts, m 15
kostenlos	gratuit,e 20
Kredit	le crédit 1
Kunde	le client 1
Kundenkreis	la clientèle 19
künftig (Adv)	à l'avenir 19
künftig (Adj)	futur,e
kurz	court,e 16
in Kürze	sous peu
kurzfristig	à bref délai 14
kürzlich	récemment 16, ces derniers jours
Lage (z. B. finanzielle)	la situation 16
in der Lage sein	être à même; être en mesure 10
Lager	le magasin 1; le stock 7
auf Lager haben	avoir en stock 7
Lagerschuppen	le hangar 18
lang	long, longue 7
lange (Adv)	longtemps 15
Laptop	l'ordinateur (m) portable
lassen (veranlassen)	faire (+Inf.) 23
Lasten, zu Ihren L.	à votre charge, f 9
Lastwagen	le camion 22
laut	s. gemäß
lebhaft (Adv)	vivement 16
leicht (Adv)	facilement 16
leider	malheureusement 13
lesen	lire 9
letzte,r	dernier,ière 5
lieber wollen, dass	aimer mieux que + Konj. 21
Lieferant	le fournisseur 1
Lieferbedingung	la condition de livraison 8
Lieferfrist	le délai de livraison 7
Liefertermin	la date de livraison 14
liefern	livrer 7
Lieferung	la livraison 1
Lieferverzug	le retard dans la livraison 23
Liste	la liste
Luftfracht	le fret aérien 15
per Luftfracht	par fret aérien 15

Luftpost	par avion 9
Lufttransport	le transport aérien 19
machen	faire 13
Mal	la fois 19
man	on 20
manchmal	parfois 19
Markt	le marché 8
auf dem Markt	sur (dans) le marché 8
Marktlage	la situation du marché 16
Maschine	la machine 17
maximal	au maximum
mehr als (+Zahlenangabe)	plus de 19
mehr und mehr	de plus en plus
mehrere	plusieurs 6
Mehrwertsteuer	la taxe sur la valeur ajoutée (T.V.A.)
die meisten	la plupart des 17
meistens	la plupart du temps 17
Menge	la quantité 1
Messe	la foire Anm. 1
minder(wertig)	inférieur,e 18
mindestens	au moins 18
Mindestmenge	la quantité minimum 21
mit	avec 13 s. auch Tab. Präp.
mitteilen, jdm etw	informer qn de qch 9, communiquer qch à qn 19
Mitteilung	l'information, f
Modell	le modèle 15
möglich	possible 15
es ist m. zu tun	il est possible de faire 15
wenn möglich	si possible
möglicherweise	s. Tab. Adv.
Möglichkeit zu tun	la possibilité de faire 18
mein möglichstes tun	faire tout mon possible 18
Monat	le mois 8
der 3. des M.	le 3 courant 8
des 20. des letzten Monats	le 20 écoulé, le 20 du mois dernier 8
in diesem Monat	ce mois-ci 13
morgen	demain 15
müssen	devoir 8
Muster	l'échantillon, m 1
Musterauswahl	le choix d'échantillons 20
Musterziehung	l'échantillonnage, m 20
nach (zeitlich)	après 15 s. auch Tab. Präp.
nach (gemäß)	selon, d'après, suivant
Nachfrage nach	la demande de
Nachricht	la nouvelle 16
von Ihnen N. erhalten	recevoir de vos nouvelles 16
nächste,e	prochain,e 15
nämlich	c'est-à-dire
natürlich (Adv)	naturellement
neben	s. Tab. Präp.
nehmen	prendre 13
Neige, zur N. gehen	s'épuiser 11
neu	nouveau, nouvel, nouvelle 5
von neuem	de nouveau
nicht nur ... sondern auch	non seulement ... mais aussi
niedrig	bas,se 5
niemals	ne ... jamais 14
noch	encore 4
noch nicht	ne ... pas encore 4
noch einmal	encore une fois 20
nötig	nécessaire 18
notwendig	nécessaire 18
nummerieren	numéroter 20

Nummer	le numéro
nur	seulement 8
ob	si 9
obenerwähnt	mentionné,e ci-dessus 22
	susmentionné,e 14
obgleich	bien que + Konj.; quoique + Konj. 21
oder	ou 11
offenbar	il semble que + Konj.
öffnen (er-)	ouvrir 3
oft	souvent
ohne	sans 17 s. auch Tab. Präp.
ordentlich	comme il faut
ordnungsgemäß	dûment
ordnungshalber	pour la bonne forme 20
PC	le micro-ordinateur
per E-Mail	par courrier électronique, siehe auch Tab. Präp.
persönlich	personnellement, en personne
planmäßig	comme prévu
positiv (Adv)	favorablement 21
Post (Briefe)	le courrier 9
mit getrennter P.	par courrier séparé 9
mit gleicher P.	par même courrier 9
Posten	le lot 16
postwendend	par retour (du courrier) 9
Preis	le prix 1
zu einem Pr. anbieten	offrir à un prix
Preisliste	le prix-courant 1
Preisnachlass	la remise 22
preiswert	bon marché 16
pro	par
pro Jahr	par an
Produkt	le produit 11
Produktion	la production 16
profitieren von etw	profiter de qch 24
Proformarechnung	la facture proforma 15
prompt	prompt,e 16
Prospekt	le prospectus 14
Prozent	pour cent 6
prüfen	examiner 3
pünktlich	ponctuellement 16
Qualität	la qualité 1
Rabatt	le rabais 1
raten, jdm etw zu tun	conseiller à qn de faire qch 10
rechnen mit	compter sur 18
Rechnung	la facture 1
Rechnungsbetrag	le montant de la facture 3
recht (ziemlich) (Adv)	assez 13
rechtzeitig	à temps 13
Referenzen	les références, f 17
regelmäßig	régulier,ière 16
regeln	régler 21
Reis	le riz 16
relativ (Adv)	relativement
Risiko	le risque 15
ein R. eingehen	courir un risque 24
Rohstoff	la matière première 14
Ruf	la réputation 7
Sack	le sac 17
sagen	dire 9
Saison	la saison 17
sämtliche	tous les, toutes les 20
Sauerstoffflasche	la bouteille d'oxygène 23

schade, es ist sch., dass	il est dommage que + Konj. 21
Schaden	le dommage 20
Scheck	le chèque 6
scheinen zu tun	sembler faire 21
schicken	envoyer 3
Schiff	le navire 22
schlecht (Adj)	mauvais,e 5
schlecht (Adv)	mal 16
schließlich	enfin, finalement
schnell (Adj)	rapide 16
schnell (Adv)	vite, rapidement 16
so schn. wie möglich	le plus vite possible, dès que possible, aussi vite que possible 6
schon	déjà 7
schreiben	écrire 13
schulden, jdm etw	devoir qch à qn 24
Schuppen	le hangar 18
schwierig	difficile 16, s. auch 24
Schwierigkeit	la difficulté 14
Schw. haben zu tun	avoir des difficultés à faire 17
seemäßig verpacken	mettre en emballage maritime 21
Seetransport	le transport maritime 19
sehen	voir 14
sehr (+Adj, +Adv)	très 5
sehr (+Verb)	beaucoup 13
sehr viel (länger)	beaucoup plus (long) 19
sein	être 2
seit	depuis 7
seit langem	depuis longtemps 7
seit kurzem	depuis peu
seit wann	depuis quand 12
seitens	de la part de
seither	depuis
selbstverständlich	il va de soi, naturellement
selten (Adv)	rarement
Sendung	l'envoi, m 1
sicher	sûr,e 9
sicherlich	sûrement 16, certainement
Skonto	l'escompte, m 1
so	si 18; s. Tab. Adv.
sodass	de façon que + Konj.
	de manière que + Konj. 21
sobald wie möglich	le plus tôt
sodann	ensuite, alors
soeben	s. Tab. Adv.
sofort	immédiatement 16, tout de suite 11, s. auch Tab. Präp.
sofort nach Erhalt	dès réception 16
sofortig	prompt, e; immédiat, e 16
solch, ein solcher	un tel 14
eine solche	une telle
solide	solide 19
sollen	devoir 8
somit	ainsi, par conséquent
Sonder-	spécial,e 5
sonst	s. Tab. Adv.
Sorgfalt	le soin 8
mit größter S.	avec le plus grand soin 8
sorgfältig	soigneux,se 16
so viel (+Subst)	tant de 17
so viel wie	autant que
so weit wie möglich	autant que possible
so wenig wie möglich	aussi peu que possible
sowie	ainsi que 10
sowohl ... als auch	non seulement ... mais encore
später	plus tard

spätestens	au plus tard
spezialisiert sein in etw	être spécialisé dans qch 24
Sprache, in frz. Spr.	la langue 17, en langue française
sprechen über	parler de 12
spr. mit jdm	parler avec (à) qn 12
standhalten, d. Konkurrenz	soutenir la concurrence 10
ständig (Adv)	constamment 16
stark	fort,e 5
statt	au lieu de, à la place de
steigen	augmenter 14
stellen	mettre 14
stets	toujours 19
Stocklotmuster	l'échantillon prélevé d'un lot déterminé 23
streng	strict,e 20
Stück	la pièce 12
Stunde	l'heure, f Anm 1
suchen	chercher 14
Summe	la somme 15
Tag	le jour 15
in den nächsten Tagen	(dans) les jours prochains 15
in der Tat	en effet
tatsächlich	en effet
technisch	technique 15
Tee	le thé 16
Teil	la partie 13
Teillieferung	la livraison partielle 20
teilnehmen an	prendre part à 24
Teilverladung	l'embarquement partiel 15
telefonieren, mit jdm	téléphoner à qn 24
Telex	le télex 15
teuer	cher, chère 13
teuer kaufen	acheter cher (unveränderlich) 16
teuer verkaufen	vendre cher (unveränderlich) 16
Tonne	la tonne 17
Transportkosten	les frais (m) de transport (m) 21
trotz	malgré
trotz alledem	malgré tout
trotzdem	malgré tout
über	s. Tab. Präp.
überall	partout
übergeben	transmettre 14
wie üblich	comme d'habitude
übermorgen	après demain
überprüfen	vérifier 23
überrascht sein, dass	être surpris que + Konj. 21
übersteigen	dépasser 22
überweisen	virer 3
Überweisung	le virement
überwinden (Schwierigkeiten)	surmonter 23
überzeugt sein	être convaincu 15
übrigens	d'ailleurs
im Übrigen	d'ailleurs
um	s. Tab. Präp.
um zu + Inf.	pour + Inf.
umfassen (enthalten)	comprendre 12
umgehend (Adv)	tout de suite 11 s. auch Tab. Adv.
umgehend (Adj.)	immédiat, e; prompt, e 11
umladen	transborder 16
Umladung	le transbordement 18

Umsatz	le chiffre d'affaires 19
unannehmbar	inacceptable 6
unangenehm	désagréable 5
unbedingt (auf jeden Fall)	en tout cas absolument 16
und	et 10
unentgeltlich	gratuitement
ungefähr	environ
unmittelbar nach	immédiatement après 16 tout de suite 16
unter	s. Tab. Präp.
unterbreiten, jdm etw	soumettre qch à qn 10
Unternehmen	l'entreprise, f 19
unterschiedlich (Adj)	différent, e (nachgestellt)
unterschreiben	signer 20
Unterschrift	la signature
unverbindlich (Angebot)	sans engagement
unverzüglich	s. Tab. Adv.
unwiderruflich	irrévocable 23
ursprünglich (Adv)	initialement
Ursprungszeugnis	le certificat d'origine 10
veranlassen, jdn etw zu tun	inciter qn à faire qch 15
s. in Verbindung setzen mit jdm	contacter qn 12
verbunden, jdm v. sein	être obligé à qn 18
vereinbart (Bedingung)	convenu, e; stipulé, e 20
verfügen über	disposer de 13
Verfügung	la disposition 20
jdm etw zur V. stellen	mettre qch à la disposition de qn 20
vergebens	en vain
vergessen etw zu tun	oublier de faire qch 24
vergleichsweise	par comparaison
verglichen mit	en comparaison de, comparé à
verhältnismäßig (Adv)	relativement 16
verhandeln	négocier 23
Verhandlung	la négociation
Verkauf	la vente 8
verkaufen	vendre 4
Verkäufer	le vendeur 1
Verkaufsbedingung	la condition de vente 8
Verladehafen	le port de chargement 20
verladen (nach)	embarquer (pour) 20
Verladung	l'embarquement, m 11
verlängern	prolonger 23
Verlängerung	la prolongation
vermeiden, etw zu tun	éviter de faire qch 15
vermuten	supposer 17
verpacken	emballer 16
Verpackung	l'emballage, m 11
s. verpflichten zu tun	s'engager à faire 11
Versand	l'expédition, f 1
Versandabteilung	le service d'expédition 20
Versandanweisung	l'instruction (f) d'expédition 1
Versandanzeige	l'avis (m) d'expédition 1
versandbereit sein	être prêt à être expédié 20
verschicken	expédier 3
verschiedene (+ Subst)	différent(e)s (+ Subst) 17
Verschiffungsanweisung	l'instruction d'embarquement 18
versehen (markieren)	marquer 20
versichern	assurer 15
Versicherung	l'assurance, f 3
Versicherungspolice	la police d'assurance 15
versiegeln	cacheter 20
versprechen, jdm etw zu tun	promettre à qn de faire qch 10

es versteht sich von selbst	il va de soi 18
s. verstehen	s'entendre 11
versuchen, etw zu tun	essayer de faire qch 24
Versuchsauftrag	l'ordre (m) d'essai 10
Vertrag	le contrat 20
vertreten	représenter
Vertreter	le représentant 1
Vertretung	la représentation 11
vervollständigen	compléter 21
verzichten auf	renoncer à 23
Verzollung	le dédouanement18
via	via 18
viel, e	beaucoup de 17
vielleicht	peut-être
vielmals (oft)	souvent
(sehr)	beaucoup
vielmehr	plutôt
(im Gegenteil)	au contraire
vom (Datum)	en date du
von	s. Tab. Präp.
vor (räumlich)	devant
vor (zeitlich)	avant 10
vor (v. Zeitpunkt des Sprechers zurück gerechnet)	il y a 14
vor allem	avant tout, surtout
im voraus	d'avance, par avance
vorausgesetzt, dass	pourvu que + Konj. 21
voraussichtlich	probablement
Vorauszahlung	le paiement anticipé 23
vorbehaltlich	sous réserve de, sauf
v. Zwischenverkauf	sauf vente
vorgestern	avant hier
vorhaben, etw zu tun	compter faire qch 24
vorher	avant
vorige, r	dernier, ière (nachgestellt) 5
vorlegen (präsentieren)	présenter 20
vornehmen (Zahlung etc)	effectuer 3
Vorrat	le stock 8
Vorschlag	la proposition 13
vorschlagen, jdm etw zu tun	proposer à qn de faire qch 10
vorsehen (planen)	prévoir
Vorstellung	l'idée, f 21
s. eine V. machen	se faire une idée 21
vorteilhaft	avantageux, se 5
vorziehen, etw zu tun	préférer faire qch 21
wählen	choisir Anm 2
während	pendant 20
wahrscheinlich (Adv)	probablement 16
wann	quand 12
Ware	la marchandise 1
warum	pourquoi 12
was	qu'est-ce qui (1. Fall) que (4. Fall) 12
was anbetrifft	en ce qui concerne, quant à, concernant
Webseite	la page Web 10
Website	le site sur Internet 11
Wechsel	la traite 23
wegen	à cause de 20 s. auch Tab. Präp.
wegfahren	partir 14
weil (im Nachsatz)	parce que 10
Wein	le vin 17
weitere (+ Subst)	d'autres (+ Subst) 17
bis auf weiteres	jusqu'à nouvel ordre
weiterhin	à l'avenir
welche, r	quel, quelle, quels, quelles 12

wen	qui
s. wenden an	s'adresser à 11
wenig (+ Subst)	peu de 17
wenn	si 8
wer	qui 12
werden (Vollwerb)	devenir 10
wichtig	important, e 5
wie ?	comment ? 12
wieder	de nouveau
wieviel (+ Subst)	combien de (+ Subst) 12
Wille	la volonté 23
wirklich (Adv)	vraiment 16, en effet, réellement
wissen	savoir s. Tab. Verben
wissen lassen	faire savoir 18
wo	où 12
Woche	la semaine 15
nächste W.	la semaine prochaine 15
woher	d'où
wohin	où 12
wollen	vouloir
wünschen (begehren)	désirer 21
wunschgemäß	conformément à votre demande; comme vous l'avez demandé
zählen zu (d. größten Firmen)	compter parmi (les plus grandes maisons) 24
zahlreiche	nombreux, ses 5
Zahlung	le paiement 1
Zahlungsbedingung	la condition de paiement 8
Zeichen	le signe 20
zeigen	montrer 23
Zeit	le temps
von Zeit zu Zeit	de temps en temps
zur Zeit	actuellement
ziehen (Muster)	prélever 20
ziemlich	assez 16
Zoll	la douane 18
Zollschuppen	le hangar de douane 18
zu (sehr) (Adv)	trop 5 s. auch Tab. Präp.
zuerst	d'abord
zufällig	par hasard
zufrieden sein mit	être content de 5
Zufriedenheit	la satisfaction 20
zu Ihrer vollen Z.	à votre entière satisfaction 20
zufriedenstellen	satisfaire
zugunsten von	en faveur de
zukommen lassen	faire parvenir 9
in Zukunft	à l'avenir
zum	s. Tab. Präp.
zunächst	d'abord
zur	s. Tab. Präp.
zurückhalten	retenir 14
zurückkommen	revenir 14
zurückweisen	rejeter 22
zur Zeit	actuellement 21
zusagen	convenir 10
zusammenarbeiten	coopérer 13
zusätzlich (Adj)	complémentaire, supplémentaire 17
Zustand	l'état, m 13
in gutem Z.	en bon état 13
zuviel (+ Subst)	trop de 17
zwar (und zwar)	il est vrai 19 (et voici comment)
Zweifel	le doute 21
zweifellos	sans aucun doute 21
Zweigstelle	la succursale 23